Herramientas de TCC para adolescentes

101 ejercicios para que los adolescentes venzan la ansiedad, controlen el estrés y aumenten su bienestar mental

Índice de contenidos

Carta a los padres

Estimados padres

Hablar con los adolescentes a veces puede ser un reto porque sienten que sus padres no entienden sus luchas. Además, se encuentran en una edad crítica en la que no son ni niños ni adultos. No quieren pedir ayuda, pero tampoco pueden manejar ciertas cosas por sí mismos. Muéstrele a su hijo que entiende por lo que está pasando regalándole este libro. Le dará la independencia que necesita para enfrentarse a sus problemas y, al mismo tiempo, le mantendrá involucrado para proporcionarle orientación y ayuda.

Su hijo adolescente puede aprender a controlar sus pensamientos, emociones y comportamiento gracias al poder de la terapia cognitivo-conductual o TCC. Es comprensible que este concepto sea nuevo para su hijo. Por este motivo, el libro lo presenta en detalle, al tiempo que destaca cómo gestiona emociones intensas como las fobias, la ira y la ansiedad.

Una vez que su hijo comprenda qué es la TCC y qué puede hacer por él, podrá aprender ciertos aspectos sobre sí mismo, como la relación entre sus pensamientos, emociones y comportamiento y cómo cada uno puede influir en el otro. Esta es información importante que deben comprender antes de empezar a aplicar la TCC a sus vidas.

Una de las principales razones por las que probablemente haya decidido regalarle este libro a su hijo es para ayudarle con su ansiedad. La ansiedad es común entre los adolescentes, pero muchos no reconocen por lo que están pasando o cómo afecta a sus vidas. El libro explica detalladamente este concepto con sus síntomas y factores. A veces la ansiedad puede ser paralizante, y su hijo puede sentir que no hay escapatoria a estas emociones. Sin embargo, el libro consigue darles un rayo de esperanza, haciéndoles saber que no están solos y que pueden superarlo con la TCC.

El miedo es otro tema con el que su hijo está luchando y no sabe qué hacer al respecto. Como padre, usted entiende cómo esta emoción puede ser perjudicial para su autoestima. A menudo, el miedo es irracional y tiene su origen en pensamientos negativos. Su hijo aprenderá aquí sobre sus miedos y cómo puede enfrentarse a ellos y vencerlos.

Los pensamientos negativos cambian la forma en que las personas se ven a sí mismas y al mundo que las rodea. Es probable que usted los haya experimentado en carne propia; ¿quién no? Todos los padres desearían poder proteger a sus hijos de estos pensamientos para que solo pudieran ver las cosas buenas de la vida. Al igual que el miedo, los pensamientos negativos también pueden ser irracionales.

Su hijo aprenderá aquí cómo le afectan estos pensamientos y cómo solo se centra en lo negativo mientras ignora lo positivo.

Es desgarrador ver a su hijo pasar por una depresión. Como es un tema delicado, puede ser difícil hablar de ello con ellos. Aunque este libro no sustituye en absoluto a un terapeuta, explica en un tono tranquilo y amable el concepto de depresión y sus síntomas. Es necesario que su hijo entienda si está deprimido o simplemente triste. Conocer la diferencia les permitirá comprender mejor lo que están experimentando.

La ira siempre ha estado asociada a los adolescentes. Probablemente, habrá oído decir a familiares o amigos que "los adolescentes están enfadados todo el tiempo; no es solo cosa suya". Aunque la ira es una emoción natural, no es normal que una persona esté "enfadada todo el tiempo". El libro explica a su hijo que las emociones negativas que puede estar experimentando son el resultado de su enfado. También aprenderán cuáles son los desencadenantes para que puedan llegar a la raíz de sus problemas de ira y controlar sus emociones explosivas.

La baja autoestima es otro problema común entre muchos adolescentes. No pueden evitar compararse con muchas personas de su edad. No hay que olvidar los estándares de belleza poco realistas que marcan las redes sociales. Su hijo aprenderá a cambiar sus pensamientos para poder verse mejor.

¿Recuerda cuando era adolescente y tenía que hacer las cosas porque debía en lugar de las que quería? La gente vive de acuerdo con ciertas normas y, a veces, se olvida de hacer lo que le gusta y disfruta. Su hijo necesita aprender el impacto estresante de todos los "debería", identificar sus valores y cambiar su forma de ver estas normas.

¿No le gustaría que su hijo estuviera tranquilo y en paz? Esto no es imposible. Hay ciertas estrategias que pueden poner en práctica que les harán sentirse relajados y acallar sus pensamientos de enfado y negativos.

Cada capítulo tiene una variedad de ejercicios y técnicas divertidas y prácticas basadas en la terapia cognitivo-conductual (TCC) para empoderar a los adolescentes. Este libro contiene toda la información que su hijo necesita para comenzar su viaje de curación. Será su guía en cada paso del camino, y usted empezará a notar su impacto en él/ella.

Sin embargo, este libro no sustituye la ayuda profesional. Debe buscar la orientación de profesionales en salud mental si los desafíos de su hijo adolescente persisten o empeoran.

Carta al adolescente

Hola

No se puede negar que los adolescentes no lo tienen fácil. La mayoría de las veces se sienten solos y que nadie les entiende. Están bajo presión en la escuela y en casa y a veces sienten que no encajan en ningún sitio. No pasa nada por sentirse así, y no está solo. Sus amigos y muchos otros adolescentes también se sienten así. Sus padres y sus profesores lo hicieron cuando tenían su edad. De hecho, personas de todas las edades experimentan estrés y ansiedad en algún momento de su vida.

Decidir buscar ayuda es valiente y un paso que cambiará su vida. Este libro será su guía y amigo en este viaje. Incluye ejercicios y técnicas divertidas y eficaces. Cambiarán su forma de pensar y sentir sobre muchas cosas de la vida y le proporcionarán métodos para controlar el estrés, la ansiedad y la depresión.

Es más fuerte de lo que cree y tiene el poder de cambiar su vida. Todo en la vida es una elección, incluso la curación y los cambios positivos. Tomar la decisión de ser y hacer mejor las cosas es de valientes. Dé el primer paso hoy y prepárese para encontrarse con un nuevo usted cuando termine este libro.

Sección 1: ¿Cómo puede ayudarle la TCC?

La TCC, o terapia cognitivo-conductual, es un tipo de terapia hablada que incluye muchas estrategias, habilidades de afrontamiento y ejercicios para tratar la ansiedad, la depresión, la ira, el dolor, los miedos y otros problemas. Se centra en la relación entre sus pensamientos, actitudes y creencias, y cómo afectan a sus acciones y emociones.

En otras palabras, sus pensamientos determinan cómo se sentirá y reaccionará en cada situación. Por ejemplo, usted y sus compañeros de equipo han perdido un importante partido de fútbol. Esto es triste. Sin embargo, si solo se centra en la derrota, se sentirá decepcionado y enfadado consigo mismo y con sus compañeros de equipo. Si se centra en lo duro que usted y sus compañeros de equipo jugaron y lo dieron todo, lo verá como una oportunidad para aprender de sus errores y hacerlo mejor la próxima vez. De este modo, se sentirá triste por la derrota, pero no enfadado, y es más probable que aprenda de sus errores con esta actitud; una actitud de enfado dificulta su motivación.

La TCC le ayuda a desarrollar mejores formas de afrontar las emociones negativas
https://www.pexels.com/photo/silver-iphone-6-987585/

La TCC le hace consciente de sus pensamientos o comportamientos negativos ante una situación para que pueda desarrollar formas diferentes y mejores de comportarse y pensar. Por ejemplo, si tiene fobia a los espacios cerrados, la TCC puede hacerle cambiar su forma de pensar y sentir sobre ellos. En lugar de tener miedo, la TCC le enseñará a cambiar su perspectiva y a comprender que los espacios cerrados no tienen nada de aterrador, para que pueda sentirse seguro y relajado.

Beneficios y objetivos de la TCC

- Proporciona resultados en poco tiempo.

- No necesita un terapeuta; puede practicar estas técnicas solo en casa.

- Trata una variedad de emociones intensas y comportamientos negativos.

- Le enseña a reconocer y tomar el control de los pensamientos poco útiles y a cambiarlos por otros positivos.

- También aprenderá a pensar de forma lógica y realista para desafiar los pensamientos negativos irracionales.

- Aumenta su autoestima.

- Aprenderá a resolver problemas.

- Le enseña a identificar y gestionar emociones intensas.

- Le proporciona habilidades de afrontamiento para controlar el estrés y la ansiedad.

- Le enseña a afrontar el duelo y la pérdida.

- Le enseña a controlar su ira y a expresar sanamente sus emociones.

- Trata la depresión y cambia su comportamiento por el de una persona alegre y optimista.

- Es uno de los tratamientos más comunes contra muchos tipos de ansiedad, como las fobias y la ansiedad social. Aprenderá a desafiar los pensamientos que le provocan ansiedad y a enfrentarse a sus miedos. Estas técnicas le demostrarán que sus pensamientos y miedos no son tan malos o aterradores como cree.

- Las técnicas que aprenda le beneficiarán el resto de su vida.

- Le demostrarán que puede cambiar y mejorar en cuanto crea, que puede hacerlo.

¿Funciona la TCC?

Probablemente estés pensando: "Esto es demasiado bueno para ser verdad; ¿funciona realmente?". La respuesta corta es sí, funciona. Muchos niños, adolescentes y adultos confían en esta técnica.

Jessica, 12

Jessica era una niña feliz que se esforzaba mucho en el colegio y siempre sacaba buenas notas. Sin embargo, cuando sus padres se divorciaron, empezó a portarse mal en casa y en el colegio. Sus padres la llevaron a un terapeuta y ella le contó que estaba enfadada con sus padres por haberse divorciado y haber destruido su familia. El terapeuta utilizó técnicas de TCC para cambiar la opinión de Jessica sobre el divorcio de sus padres. Le enseñó que ellos seguían queriéndola y que ahora eran mucho más felices. También le enseñó a reconocer sus pensamientos negativos y a expresar sanamente sus sentimientos. Después de tres meses, Jessica dejó de comportarse mal, aceptó el divorcio de sus padres y volvió a ser la misma de antes.

Preguntas para reflexionar

1. ¿Tengo pensamientos negativos?

_____

_____

2. ¿De qué tratan estos pensamientos?

_____

_____

_____

3. ¿Mis emociones están fuera de control?

_____

_____

4. ¿Estoy preparado para cambiar mis pensamientos y gestionar mis emociones?

_____

_____

_____

Ejercicios

1. Diario

Escriba cada pensamiento o emoción negativa que haya experimentado a lo largo del día. Utilice caritas sonrientes, tristes o enfadas para describir la intensidad de cada uno.

2. Opinión o hecho

1. Piense en sus pensamientos sobre sí mismo, como "mis amigos me odian" o "no sacaré buenas notas".

2. En esta hoja de ejercicios, escriba cuáles son hechos y cuáles son opiniones. En otras palabras, ¿hasta qué punto son realistas sus pensamientos? ¿Se basan en hechos o son creencias personales?

HECHO U OPINIÓN

Los hechos son afirmaciones muy capaces. Las opiniones son interpretaciones personales de los hechos, que difieren de una persona a otra. Por ejemplo, es un hecho que el cielo es azul, y una opinión que hace buen tiempo.

A pesar de conocer la diferencia entre hechos y opiniones, el cerebro no siempre distingue entre ambos. Las opiniones perjudiciales, como "soy una mala persona", a veces se tratan como hechos. Incluso sin pruebas, estas opiniones pueden contribuir a pensamientos negativos, estrés y otros problemas.

Instrucciones: Con la práctica, podrá distinguir mejor los hechos de las opiniones. Lea cada una de las afirmaciones siguientes e identifique si son hechos u opiniones

	Hecho	Opinión
1. Escuché a mi amigo hablar de su mal día.		
2. Soy un buen amigo.		
3. Soy feo.		
4. Tengo una mancha en la cara.		
5. My hair looks bad.		
6. Mi jefe dice que he hecho un gran trabajo en el proyecto.		
7. Nunca le caeré bien a nadie.		
8. Mi enamorada dijo "no" cuando le pedí salir.		
9. No soy tan listo como el resto de mi clase.		
10. Soy un vago.		
11. He visto la televisión en lugar de hacer los deberes.		
12. Mi amigo está enfadado conmigo. Lo sé porque tenía el ceño fruncido.		
13. Mi amigo fruncía el ceño.		
14. Todos estaban aburridos durante mi discurso.		
15. Debería ser siempre amable.		

3. Preocupación vs. Realidad

Como en el ejercicio anterior, piense en todo lo que le preocupa y pregúntese qué probabilidades hay de que ocurra. Escriba los escenarios más probables dentro de "la realidad" y los menos probables dentro de "la preocupación" en la hoja de trabajo.

Lo Que Podría Ocurrir frente A Lo Que Ocurrirá

"Cuando la ansiedad se apodera de nosotros, a menudo no nos cuesta imaginar los escenarios más horribles que podamos concebir. Sin embargo, es crucial reconocer que estos escenarios pueden no materializarse nunca. El reino de la posibilidades no es sinónimo de certeza".

¿Qué es lo que le preocupa?

Pensar en lo que ocurrirá, en lugar de en lo que podría ocurrir, puede ayudarle a preocuparse menos. Cuando comience a preocuparse, responda a estas preguntas:

¿Cuáles son algunos indicios de que sus preocupaciones no se harán realidad?

Si sus preocupaciones no se hacen realidad, ¿qué ocurrirá probablemente en su lugar?

Si sus preocupaciones se hacen realidad, ¿cómo lo manejará? ¿Se encontrará bien finalmente?

Después de responder a estas preguntas, ¿cómo han cambiado sus preocupaciones?

----

4. Creencias fundamentales

Escriba todas sus creencias básicas sobre sí mismo, su familia, sus amigos, la escuela y el mundo que le rodea. Necesita descubrir sus creencias para prepararse para los próximos capítulos.

5. Pros y contras

Escriba en esta hoja de trabajo un pensamiento o creencia especialmente negativo que no pueda quitarse de la cabeza y, a continuación, escriba los pros y los contras de tener estos pensamientos/creencias.

Ventajas e inconvenientes de la TCC
Hoja de trabajo

1. Elija el pensamiento que desea cambiar

2. Enumere los costes y beneficios del pensamiento o comportamiento.

Costes	Beneficios

3. Tras revisar los costes y beneficios del pensamiento o comportamiento actual, desarrolle una alternativa más adaptativa.

6. Atrapar los pensamientos negativos

Pregunte a sus amigos y familiares qué piensan realmente de usted y escríbalo. Después, léalos en voz alta y vea cuáles de sus opiniones contradicen sus pensamientos negativos.

7. Habilidades para resolver problemas

Escriba uno de sus mayores problemas e invente tres soluciones para él.

El problema

_____

_____

_____

Las soluciones

1.

_____

_____

_____

2.

_____

_____

_____

3.

_____

_____

_____

8. Pensamientos negativos

Escriba tres situaciones en las que sus pensamientos negativos le hayan frenado en la vida y, junto a cada una de ellas, escriba lo que desearía haber hecho de otra manera.

1.

_____

_____

_____

2.

_____

_____

_____

3.

_____

_____

_____

9. Sentimientos negativos

En esta hoja de ejercicios, escriba algunos de sus sentimientos negativos, como la ira y el estrés, y luego escriba las consecuencias de cada uno, ya sea algo que ya haya sucedido, como gritar a sus hermanos cuando está enfadado, o lo que imagina que sucedería. Después, escriba cómo desearía haber manejado la situación de manera diferente.

CUESTIONAR LOS PENSAMIENTOS NEGATIVOS

La depresión, la baja autoestima y la ansiedad suelen ser el resultado de pensamientos negativos irracionales. Alguien que recibe regularmente comentarios positivos en el trabajo, puede sentir que es horrible en su trabajo a causa de una crítica. Su pensamiento irracional sobre el rendimiento laboral dictará cómo se siente consigo mismo. Cuestionar los pensamientos irracionales puede ayudarnos a cambiarlos.

Responda a las siguientes preguntas para evaluar su pensamiento:

✳ ¿Existen pruebas sustanciales de mi pensamiento?

✳ ¿Hay pruebas contrarias a mi pensamiento?

✳ ¿Intento interpretar esta situación sin todas las pruebas?

✳ ¿Qué pensaría un amigo de esta situación?

✳ Si miro la situación de forma positiva, ¿en qué se diferencia?

✳ ¿Importará esto dentro de un año? ¿Y dentro de cinco años?

10. Compruébelo usted mismo

Después de enfrentarse a sus emociones y pensamientos negativos, haga una pausa de un par de minutos y compruébelo. Escriba cómo se siente mental, emocional y físicamente.

_____

_____

_____

Sección 2: Pensamientos, emociones y comportamientos

El Triángulo Cognitivo

El triángulo cognitivo muestra cómo los pensamientos, las emociones y los comportamientos se afectan mutuamente. Esto signi ca que, si cambia sus pensamientos, cambiará cómo se siente y cómo se comporta.

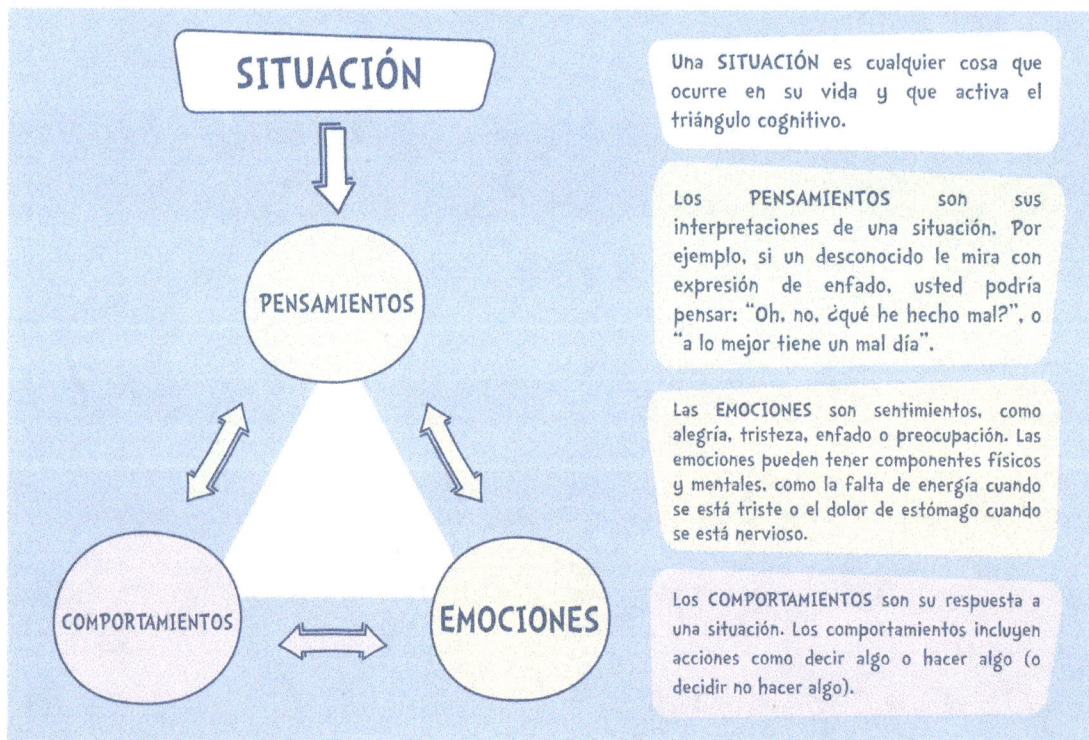

SITUACIÓN

PENSAMIENTOS

COMPORTAMIENTOS

EMOCIONES

Una SITUACIÓN es cualquier cosa que ocurre en su vida y que activa el triángulo cognitivo.

Los PENSAMIENTOS son sus interpretaciones de una situación. Por ejemplo, si un desconocido le mira con expresión de enfado, usted podría pensar: "Oh, no, ¿qué he hecho mal?", o "a lo mejor tiene un mal día".

Las EMOCIONES son sentimientos, como alegría, tristeza, enfado o preocupación. Las emociones pueden tener componentes físicos y mentales, como la falta de energía cuando se está triste o el dolor de estómago cuando se está nervioso.

Los COMPORTAMIENTOS son su respuesta a una situación. Los comportamientos incluyen acciones como decir algo o hacer algo (o decidir no hacer algo).

El triángulo cognitivo es un diagrama que ilustra la relación entre el comportamiento, las emociones y los pensamientos.

Comprender las emociones

Comportamiento

El comportamiento refleja sus acciones en cada situación. Cambia las cosas, las mantiene igual o hace que algo ocurra. Su comportamiento puede ser externo, hacia su entorno o las personas de su vida, o interno, a través de sus sentimientos y pensamientos.

Emociones

Las emociones son lo que siente ante cada situación de su vida. Por ejemplo, se siente feliz cuando aprueba un examen, emocionado el día de su cumpleaños y triste cuando enferma un ser querido.

Pensamientos

Los pensamientos son sus creencias y opiniones sobre usted mismo, el mundo y las personas que le rodean. Pueden ser positivas o negativas y pueden ser tan poderosas que cambien su personalidad. Por ejemplo, los pensamientos negativos pueden enfadarle y hacerle infeliz, mientras que los positivos le hacen feliz y optimista.

Prestar atención a sus pensamientos fugaces le ayuda a comprender y gestionar sus emociones
https://pxhere.com/en/photo/1189903

Sus pensamientos, emociones y comportamiento están conectados. Sus emociones a menudo reflejan sus pensamientos, mientras que ambos influyen en su comportamiento. Por ejemplo, si tiene pensamientos negativos sobre la escuela, también desarrollará emociones negativas hacia ella y se comportará mal actuando o no estudiando. Sus emociones también afectan a sus pensamientos. Si está triste o enfadado, tendrá pensamientos negativos que influirán en su comportamiento.

Si cambia uno de ellos, los demás le seguirán. Por ejemplo, si tiene pensamientos positivos, se sentirá feliz y se comportará de forma agradable.

"Los pensamientos crean emociones, las emociones crean sentimientos y los sentimientos crean comportamientos. Así que nuestros pensamientos deben ser positivos para atraer a nuestra vida a las personas, los acontecimientos y las circunstancias adecuadas." *Avis Williams.*

Sin embargo, esto no siempre es fácil, especialmente si le consumen los pensamientos automatizados. Son las creencias negativas e irracionales de las que no es consciente y que pueden convertirse en su respuesta natural ante diferentes situaciones. Por ejemplo, si suspende un examen y reacciona pensando: *"Soy un fracasado y nunca llegaré a nada".*

Estos pensamientos desencadenan emociones negativas y le hacen sentirse asustado, enfadado, ansioso, triste, culpable o avergonzado. Naturalmente, estas emociones también afectarán a su comportamiento.

Siempre debe prestar atención a sus respuestas emocionales. Observe cómo le hace sentir cada situación. ¿Está triste, frustrado, irritado o enfadado? Aprender los nombres de las distintas emociones es una buena manera de comunicar cómo se siente.

Ejercicios

11. Diagrama de Venn

En este diagrama, se anotan pensamientos, emociones y comportamientos específicos. Observe dónde se cruzan, indicando la interdependencia entre estos componentes.

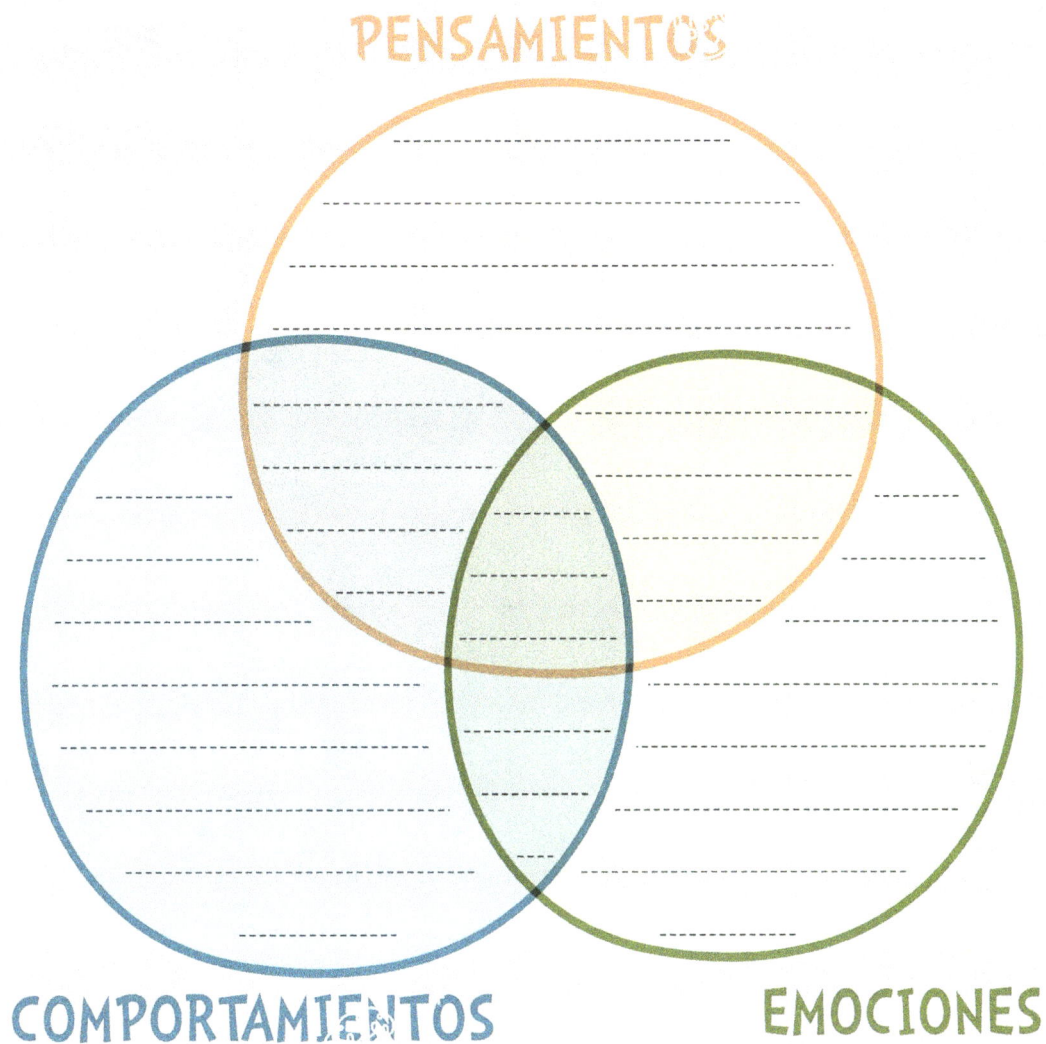

12. Una cosa lleva a la otra

Escriba sobre un acontecimiento o situación que desencadenó ciertos pensamientos, emociones y comportamientos.

Hoja de Trabajo del Triángulo Cognitivo

Sentimiento

Acontecimiento

Pensamiento   Haciendo

EVENTO	PENSAMIENTOS	SENTIMIENTOS	COMPORTAMIENTOS
"Algo pasa"	"Me digo algo a mí mismo"	"Siento algo"	"Hago algo"

13. Vocabulario emocional

Revise las emociones en esta hoja de trabajo y encierre en un círculo las que experimentó en el último mes.

Lista de emociones

Asombrado	Tonto	Abrumado
Enfadado	Frustrado	Tranquilo
Molesto	Furioso	Orgulloso
Ansioso	Grave	Aliviado
Avergonzado	Feliz	Resentido
Amargado	Esperanzado	Triste
Aburrido	Herido	Satisfecho
Cómodo	Inadecuado	Asustado
Confuso	Inseguro	Cohibido
Contento	Inspirado	Conmocionado
Deprimido	Irritado	Tonto
Decidido	Celoso	Estúpido
Desdeñado	Alegre	Sospechoso
Asqueado	Solitario	Tenso
Ansioso	Perdido	Aterrorizado
Avergonzado	Enamorado	Atrapado
Enérgico	Miserable	Incómodo
Envidioso	Motivado	Preocupado
Emocionado	Nervioso	Inútil

14. Reconocer los pensamientos automáticos

Rellene esta hoja de trabajo con diferentes pensamientos automáticos que haya experimentado y sus desencadenantes, y sustitúyalos por otros nuevos y positivos.

Por ejemplo

- No marcó ningún gol en el último partido de fútbol (desencadenante)
- "Mi entrenador me echará del equipo porque soy un fracaso". (Pensamiento automático)
- "Soy un buen jugador y mi entrenador lo sabe. Solo cometí un error; él lo entenderá". (Nuevo pensamiento positivo)

Pensamientos Automáticos

Nuestros pensamientos controlan cómo nos sentimos con nosotros mismos y con el mundo que nos rodea. Los pensamientos positivos nos hacen sentir bien y los negativos pueden desanimarnos. A veces nuestros pensamientos ocurren tan deprisa que no nos damos cuenta, pero aun así pueden afectar a nuestro estado de ánimo. Son los llamados pensamientos automáticos.

A menudo, nuestros pensamientos automáticos son negativos e irracionales. Identificar estos pensamientos automáticos negativos y sustituirlos por nuevos pensamientos racionales puede mejorar nuestro estado de ánimo.

DESENCADENANTE	PENSAMIENTO AUTOMÁTICO	NUEVO PENSAMIENTO
EJEMPLO: Cometí un error en el trabajo.	"Probablemente me despidan. Siempre me equivoco. Ya está. No sirvo para este trabajo".	"Me equivoqué, pero los errores ocurren. Voy a trabajar a través de esto, como siempre lo hago".

15. Registre los pensamientos automáticos

Cada vez que experimente un pensamiento automático del tipo "voy a suspender este examen", anótelo. También debe incluir la situación, cómo le hizo sentir ese pensamiento y cómo se comportó.

16. Desafíe estos pensamientos

Después de anotar sus pensamientos, escriba por qué cree que son ciertos y por qué no lo son. Lea lo que ha escrito en voz alta y, a continuación, considere la posibilidad de añadir nuevos pensamientos positivos para cuestionar los actuales.

17. Juego de rol

Represente varias situaciones negativas con sus hermanos, amigos o padres y fíjese en el primer pensamiento que le viene a la mente. Lo más probable es que sean sus pensamientos automáticos, así que anótelos para no perderlos de vista.

Los juegos de rol le permiten expresar diferentes emociones y escenarios y sus resultados
Julianne Zvalo-Martyn, CC BY-SA 4.0 <https://creativecommons.org/licenses/by-sa/4.0>, vía Wikimedia Commons
https://commons.wikimedia.org/wiki/File:Students_engaged_in_role_play.jpg

18. Triángulo cognitivo

1. Dentro del triángulo, escriba una situación difícil por la que haya pasado últimamente.

2. Después, escriba sus emociones, pensamientos y comportamiento durante esta situación.

3. Cambie sus pensamientos, emociones o comportamiento por algo positivo. Escriba cómo afectará esto a los otros dos y al resultado de la situación.

Triángulo Cognitivo

19. Cambio de pensamientos

En esta hoja de trabajo, escriba un par de situaciones que le hayan ocurrido en el pasado y cómo le hicieron sentir en ese momento. Ahora, reflexione sobre estas situaciones y escriba cómo se siente sobre ellas ahora en comparación con antes. Este ejercicio demuestra que piensa de forma diferente con la cabeza despejada cuando ha pasado el tiempo y sus emociones se han enfriado.

Pensamientos, Sentimientos y Acciones

Pensamientos

Sentimientos

Acciones

20. Charadas emocionales

Para comprender mejor las respuestas emocionales, juegue a las charadas emocionales con sus amigos y familiares, en las que uno actúa una determinada emoción y el otro la adivina.

Sección 3: Cómo controlar la ansiedad

La ansiedad es una reacción física y mental ante diversas situaciones. Si padece ansiedad, es posible que no sea consciente de ello. La gente utiliza muchas palabras para describir esta emoción, como sentirse inquieto, al límite, preocupado, angustiado, nervioso o tener ataques de pánico. Si utiliza alguna de estas palabras para describir cómo se siente, es posible que sufra ansiedad.

La ansiedad puede aparecer en cualquier momento
https://www.pexels.com/photo/photo-of-a-woman-crouching-while-her-hands-are-on-her-head-5542968/

Causas de la ansiedad

- Estrés
- Los malos tratos
- Acoso escolar
- Traumas
- Soledad y aislamiento
- Pérdida de un ser querido
- Preocuparse constantemente por cosas que no se pueden controlar, como los terremotos.
- Presión en la escuela
- Ver a sus padres pasar por problemas económicos o perder el trabajo

Síntomas de ansiedad

- Preocupación incontrolable
- Evitar todos los desencadenantes de ansiedad
- Tener problemas estomacales
- Incapacidad para dormir
- Centrarse solo en lo que le preocupa y no pensar en nada más
- Problemas de concentración en la escuela
- Agotamiento
- Temblores
- Sudoración
- Respiración acelerada
- Ritmo cardiaco acelerado
- Ataques de pánico
- Sensación de tensión y nerviosismo

Hay determinados pensamientos, comportamientos y situaciones que agravan la ansiedad. La TCC se los revela para que pueda desenmascarar patrones y desencadenantes específicos.

Un ejemplo de uso de la TCC para superar la ansiedad

Justin luchó contra la ansiedad toda su vida. Sentía que había una guerra dentro de su cabeza y no podía calmar esos pensamientos. Probó la TCC y ejercicios de respiración cada vez que sus pensamientos le abrumaban. Con el tiempo, aprendió a controlar la ansiedad y a calmarse.

Ejercicios

21. Siga su patrón

Para conocer los desencadenantes de su ansiedad, lleve un registro de todos los "¿y si...?", las emociones intensas y su comportamiento. Puede llevar un cuaderno, anotarlas inmediatamente y reflexionar sobre ellas al final del día para comprender su patrón de ansiedad.

22. NO

Cada vez que su mente divague hacia "escenarios hipotéticos" negativos, diga en voz alta o en voz baja: "No" o "basta". Esto interrumpirá el pensamiento y le devolverá a la realidad. O puede utilizar la técnica del "shhh" como el Capitán América; Chris Evans dijo una vez: *"'Shhh' ha sido algo muy importante para mí. Es curioso lo ruidoso que es mi cerebro, y el cerebro de todo el mundo es ruidoso porque eso es lo que hace: crea pensamientos".*

Decir "no" puede interrumpir los pensamientos negativos
https://www.pexels.com/photo/person-holding-an-alphabet-1439408/

23. Los sentimientos cambian

1. Recuerde que los sentimientos de ansiedad no duran para siempre. Así que siempre que se sienta ansioso, escriba: "Ahora mismo estoy muy preocupado, pero no pasa nada. Estos sentimientos desaparecerán y me sentiré más tranquilo".

2. Ahora, imagine cómo se sentirá cuando cambien sus emociones, y escríbalo.

24. Actúe con normalidad

Siempre que experimente ansiedad en una situación no amenazadora, hágale saber a su ansiedad que ahora no la necesita actuando con normalidad.

- Respire profundamente
- Mantenga una postura abierta
- Sonría
- Hable con calma

De este modo, su cuerpo hace saber a su mente que no hay nada de que preocuparse, y debe estar relajado. También puede mascar chicle, ya que la gente no lo hace cuando está bajo amenaza.

25. Siga su línea de pensamiento

Cuando se sienta ansioso por una situación, siga su línea de pensamiento. Por ejemplo:

> *Cuando se sienta ansioso por una situación, siga su línea de pensamiento. Por ejemplo:*
>
> *No quiero hablar en clase.*
>
> *¿Por qué?*
>
> *Porque tengo miedo de que se rían de mí.*
>
> *¿Qué pasaría si se rieran de mí?*
>
> *Herirían mis sentimientos.*
>
> *¿Se han reído alguna vez de mí mis compañeros?*
>
> *No.*
>
> *Entonces, ¿por qué se van a reír esta vez?*

Siguiendo el hilo del pensamiento, puede discutirlo y demostrar que no se basa en nada real.

26. Repita las afirmaciones

- o Esta sensación pasará y volveré a sentirme bien
- o Puedo superar mi ansiedad
- o Tengo el control de mis emociones
- o Soy capaz y fuerte
- o Confío en mí mismo

27. Ejercicio de respiración para ataques de pánico

Instrucciones:

1. Respire profundamente por las fosas nasales y llene el estómago de aire.
2. Abra la boca y saque la lengua.
3. Exhale mientras ruge como un león, o simplemente diga: "Ahh".
4. Repítalo hasta que se calme.

28. Ejercicio de respiración 4-4-4-4 para ataques de pánico

Instrucciones:

1. Respire larga y profundamente por sus fosas nasales mientras cuenta hasta cuatro.
2. Mantenga la respiración y cuente hasta cuatro.
3. Exhale suavemente mientras cuenta hasta cuatro.
4. A continuación, haga una pausa y cuente hasta cuatro.
5. Repita hasta que se sienta tranquilo.

29. Reencuadre sus pensamientos

La ansiedad se centra en escenarios negativos del tipo "¿y si...?" Puede reformular estos pensamientos; en lugar de preguntarse: "¿Y si las cosas van mal?", intente: "¿Y si van bien?". Por ejemplo, está preocupado por un examen y no deja de pensar: "¿Y si suspendo?", "¿y si el examen es difícil?", "¿y si me entra el pánico y no puedo responder?". Modifique sus pensamientos planteándose lo contrario de estas preguntas: "¿Y si apruebo?", "¿y si el examen es fácil?", "¿y si estoy relajado y respondo a todas las preguntas?".

Esta técnica le permite interrumpir los pensamientos negativos por otros útiles que puede utilizar para controlar su ansiedad.

El Sesgo del "¿Y Si...?"

A menudo nos quedamos atrapados pensando en todos los posibles malos resultados de una situación o decisión, en lugar de adoptar una perspectiva racional. Este ejercicio puede ayudarle a combatir el sesgo del "¿y si...?", para recuperar una perspectiva equilibrada y evitar el catastro smo.
Piense en una situación o un reto que le gustaría abordar y utilice esta hoja de ejercicios para enumerar los "¿y si...?", positivos y negativos en cada una de las columnas.

Para empezar, le ofrecemos dos ejemplos.

"¿Y Si?" ¿Es Negativo?	"¿Y Si?" ¿Es Positivo?
Por ejemplo: ¿Qué pasa si tengo un ataque de pánico en el escenario?	Por ejemplo: ¿Qué pasa si hago la representación de mi vida?

30. Unidades subjetivas de la escala de angustia

Piense en la última vez que experimentó ansiedad y puntúela del uno al diez. A continuación, escriba en los espacios vacíos qué desencadenó su ansiedad y cómo hacer frente a este sentimiento.

Escala de Unidades Subjetivas de Angustia (SUD)

Los sentimientos de angustia son subjetivos, lo que significa que la experiencia de angustia está influida por sentimientos, gustos u opiniones personales. Por ello, necesitamos un método para comunicarnos unos a otros el grado de angustia que experimentamos. La escala de unidades subjetivas de angustia (denominada "SUD") facilita esta comunicación, ya que cada individuo fija la escala con sus propias experiencias pasadas. Utilice la siguiente hoja de trabajo para crear su propia SUD. Para cada uno de los niveles de la escala, piense en un momento en el que sintió ese grado de angustia o ansiedad. Dado que su experiencia de angustia o ansiedad puede cambiar a medida que avanza en el tratamiento, es mejor fijar estos niveles en la escala con acontecimientos pasados específicos en los que se sintió así.

100

100: Máxima angustia o ansiedad que ha sentido o podría imaginar sentir.

Yo estaba en 100 cuando...

75

75: Marcada angustia o ansiedad; difícil concentrarse en otra cosa.

Yo estaba en 75 cuando...

50

50 = Angustia o ansiedad moderada

Yo estaba en 50 cuando...

25

25 = Angustia o ansiedad leve; fácil de desviar la atención

Yo estaba en 25 cuando...

0

0 = Sin angustia o ansiedad; relajado

Yo estaba en 0 cuando...

Preguntas

1. Escriba una situación que desencadene a menudo su ansiedad

_____

_____

_____

2. ¿Cuál es el peor resultado de esta situación?

_____

_____

_____

3. ¿Cuál es el resultado más probable?

_____

_____

_____

4. ¿Cuál es el mejor resultado?

_____

_____

_____

5. Si se produce el peor resultado, ¿importaría dentro de un año?

_____

_____

_____

Sección 4: Afrontar el miedo

El miedo es una emoción natural cuando alguien o algo le amenaza. Algunos miedos son racionales y reales, como el miedo al fuego, mientras que otros solo están en su cabeza o en su imaginación, como el miedo a que sus compañeros se rían de usted si habla alto en clase. Como no es agradable, mucha gente piensa que el miedo es una emoción negativa. Sin embargo, puede ser necesario para protegerse del peligro. Por ejemplo, si le tiene miedo al fuego, nunca meterá la mano en él. Por otra parte, si sus miedos son irracionales y le frenan en la vida, no son sanos.

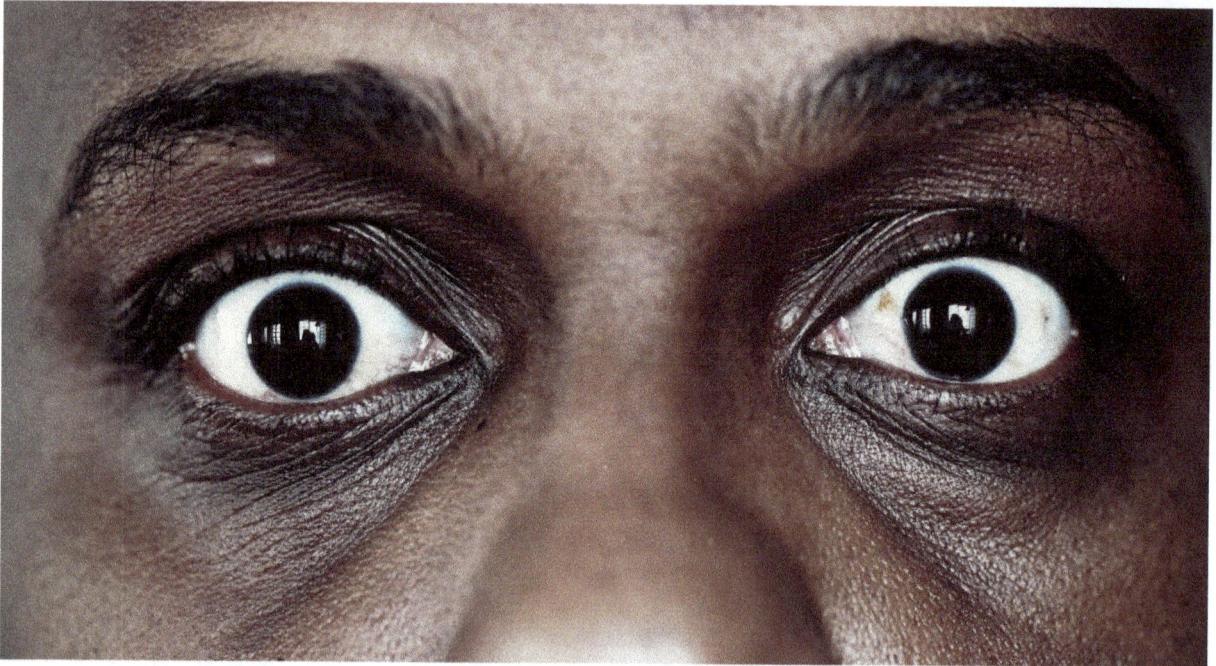

Los miedos pueden limitarle

El miedo y las fobias pueden disparar su ansiedad y dificultarle la realización de las actividades cotidianas.

"Todo lo que siempre has querido está al otro lado del miedo". George Addair.

Causas del miedo

- Malos recuerdos de la infancia como ser mordido por un perro o casi ahogarse.

- Situaciones peligrosas que pueden producirse al caminar solo por la noche.

- Miedo a situaciones inciertas como el miedo al futuro.

- Miedos que ha aprendido de los adultos de su vida. Por ejemplo, si su madre le tiene miedo a los gatos y no controla ese miedo cuando está cerca de usted, es posible que se lo transmita a usted.

Síntomas del miedo

- Malestar estomacal
- Temblores
- Sudores
- Respiración entrecortada
- Ritmo cardíaco acelerado
- Náuseas
- Boca seca
- Escalofríos
- Dolor torácico

Miedo vs. Preocupación vs. Fobia

Elige estar preocupado, pero nadie elige el miedo. El miedo suele basarse en algo real, una reacción natural ante el peligro, mientras que la preocupación suele estar en su cabeza, como cosas que imagina que ocurrirán o cosas que vienen de su memoria. En otras palabras, usted inventa cosas en su cabeza para preocuparse, pero el miedo está fuera de su control y puede ser beneficioso cuando le advierte de un peligro.

Una fobia es diferente del miedo y la preocupación porque es un miedo irracional a algo que no es peligroso. Por ejemplo, las arañas no son una amenaza, pero mucha gente las teme. Una fobia es uno de los principales desencadenantes de la ansiedad.

Factores desencadenantes de la fobia

- Genética: Si uno de sus padres tiene una fobia, es posible que usted también la tenga.

- Comportamiento aprendido: Si observa que sus padres tienen miedo de algo, usted creerá que da miedo y desarrollará la misma fobia.

- Las malas experiencias con un animal, una situación o un lugar pueden desencadenar fobias.

- La ansiedad intensa también puede desencadenar fobias.

Factores desencadenantes de la preocupación

- Alimentos poco saludables
- La tecnología
- Presión social
- Cambios hormonales
- Falta de sueño

Un ejemplo de uso de la TCC para superar el miedo

Rachel quería ser actriz, pero su miedo escénico se lo impedía. Pensó muchas veces en participar en obras de teatro del colegio, pero solo de pensarlo le daba dolor de estómago. Probó la exposición gradual, en la que se enfrentaba a su miedo paso a paso. Empezó actuando frente al espejo y luego imaginó que actuaba frente al público. Empezó a actuar delante de sus hermanos, luego de sus amigos y más tarde de los miembros de su familia. Cuando se sintió cómoda, empezó a interpretar pequeños papeles en obras de teatro hasta que se sintió preparada para interpretar papeles más importantes.

Ejercicios

31. Exposición gradual

Instrucciones:

1. Escriba en esta hoja de ejercicios cuál es su mayor miedo.
2. Empezando por abajo, escriba cada paso que dará para exponerse gradualmente a sus miedos.
3. La idea de enfrentarse a su miedo puede causarle ansiedad. No pasa nada; vaya paso a paso.

Por ejemplo, si tiene miedo a los perros, siga estos pasos:

1. Mire fotos de perros en internet.
2. Vea películas con perros.
3. Esté en la misma habitación que un perro con la supervisión de un adulto y con el perro atado.
4. Cuando se sienta cómodo, puede acariciar lentamente al perro mientras sigue con correa.
5. Cuando esté preparado, quítele la correa y jueguen juntos.

No deje que el miedo le detenga; supere la ansiedad respirando hondo. Sin embargo, si sus sentimientos son abrumadores o experimenta un ataque de pánico, es el momento de dar un paso atrás y recuperar la calma mental. Tómese su tiempo con cada paso y no pase al siguiente hasta que se sienta cómodo. Prémiese cada vez que haga un progreso.

Para superar nuestros miedos, puede ayudar construir nuestra densidad de con anza gradualmente. Es como subir los peldaños de una escalera.

Empiece escribiendo el miedo al que se enfrenta. Luego, para cada peldaño de la escalera, escriba una cosa que pueda hacer para enfrentarse a ese miedo. Asegúrese de recompensarse por cada paso que dé.

El miedo al que me enfrento es:

Más difícil

Menos difícil

32. Habilidades para resolver problemas

Instrucciones:

1. Escriba en la hoja de trabajo uno de sus miedos.

2. Escriba todas las formas posibles de enfrentarse a su miedo. Por ejemplo, si le da miedo hablar con gente nueva, puede intentar respirar hondo unas cuantas veces antes de hacerlo o empezar a entablar conversaciones triviales con vendedores.

3. Considere las ventajas e inconvenientes de cada solución y anótelas.

4. Elija la mejor solución y pruébela.

5. Si no funciona, busque otra solución de la lista.

Puede utilizar esta técnica con cualquier problema, no solo con sus miedos.

SOLUCIÓN DE PROBLEMAS

1 Defina Su Problema

Antes de definir un problema, este puede parecer vago o confuso. Redactar el problema le ayudará a organizar la información, a verlo desde nuevos ángulos y a identificar las cuestiones más importantes.

¿Cuándo y dónde se produce el problema?

¿Cuáles son las causas de su problema?
Piense en todas las causas posibles. Tenga en cuenta su propio comportamiento y los factores externos.

Defina su problema.
Sea lo más claro y exhaustivo posible. Si el problema tiene varias partes, describa cada una de ellas.

CONSEJO: Si le resulta difícil separar sus emociones del problema, intente realizar este paso desde la perspectiva de un amigo imparcial.

SOLUCIÓN DE PROBLEMAS

2 Desarrollar Soluciones Múltiples

Escriba al menos tres soluciones a su problema. Sin pensar en soluciones alternativas, a menudo nos quedamos atascados en lo que funcionó en el pasado, o en la primera idea que se nos ocurre. Suele haber muchas soluciones a un problema, y nuestras primeras ideas no siempre son las mejores.

SOLUCIÓN DE PROBLEMAS

3 Evalúe Sus Soluciones y Elija Una

Empiece por descartar cualquier solución que sea obviamente ineficaz o poco práctica. A continuación, analice las soluciones restantes y determine cuáles tienen más probabilidades de éxito examinándolas en profundidad. Para ello, examine los puntos fuertes y débiles de cada solución.

Durante esta fase, es posible que se le ocurran nuevas soluciones o que descubra que una combinación de varias soluciones es mejor que una sola idea.

Solución	Fortalezas	Debilidades

CONSEJO: Si le cuesta pensar en las fortalezas y debilidades de cada solución, hágase las siguientes preguntas:

- ¿Se trata de una solución a corto o a largo plazo?

- ¿Es probable que siga adelante con esta solución?

- ¿Cómo afectará esta solución a otras personas?

SOLUCIÓN DE PROBLEMAS

4 Aplicar la Solución

Para asegurarse de que sigue adelante con su solución, lo mejor es pensar en cómo y cuándo se aplicará. Si no lo hace, es posible que evite soluciones difíciles o que se le pasen por alto cuando llegue el momento.

¿Cuándo aplicará su solución?

Algunas soluciones pueden ocurrir en un momento concreto (por ejemplo, "a las 2:00 PM del sábado"), mientras que otras requieren que ocurra algo imprevisible (por ejemplo, "cuando me enfade"). Complete la sección correspondiente a continuación:

Mi solución puede programarse...	Mi solución es en respuesta a algo...
¿Cuándo implantará la solución? Sea concreto. ------------------------------ ------------------------------ ¿Cómo se acordará de seguir adelante con su solución? ------------------------------ ------------------------------	¿Cómo sabrá cuándo utilizar su solución? Enumere las señales de advertencia, los desencadenantes u otros acontecimientos especí cos que le avisarán. ------------------------------ ------------------------------ ------------------------------ ------------------------------

Enumere los pasos concretos que dará para aplicar su solución.

CONSEJO: Si su solución requiere mucho tiempo o esfuerzo, intente dividir el proceso en pequeños pasos. Es más fácil seguir varios pasos pequeños que una tarea gigantesca.

SOLUCIÓN DE PROBLEMAS

5 Revisión

Por último, una vez aplicada la solución, se revisará lo que ha funcionado y lo que no. Aunque el problema se haya producido una sola vez, suele haber lecciones más amplias que aprender. Tómese un momento para reflexionar sobre su problema y cómo lo ha resuelto.

¿En qué aspectos fue eficaz su solución?

¿En qué aspectos no fue eficaz?

Si pudiera volver atrás en el tiempo, ¿qué cambiaría de su forma de abordar el problema?

¿Qué consejo le daría a otra persona que se enfrentara al mismo problema?

---

33. Superar la conducta de seguridad

La conducta de seguridad consiste en evitar sus miedos para protegerse. Sin embargo, esta es una solución temporal que solo puede empeorar su ansiedad.

Instrucciones:

1. Pregúntese con qué frecuencia evita sus desencadenantes de miedo o ansiedad.
2. Anote todas las formas diferentes en que los evita, como pedir todo por internet porque entablar conversaciones triviales le pone nervioso o sentarse al fondo de la clase para evitar llamar la atención.
3. A continuación, puede ir haciendo lenta y gradualmente lo contrario de cada situación, como sentarse en medio de la clase o pedir comida por teléfono.
4. Considere la técnica de exposición gradual, ya que le ayuda a progresar a su propio ritmo.

34. Técnica de respiración

Instrucciones:

1. Respire profundamente y de forma prolongada con el abdomen.
2. Exhale por la boca.
3. Vuelva a respirar profundamente por las fosas nasales y note cómo se eleva el vientre.
4. Cierre los ojos e imagine que el aire fluye por su cuerpo.
5. Exhale y suelte el aire de su cuerpo.
6. Repítalo hasta que se calme.

35. Trabajo artístico

El arte es una forma estupenda de reducir y afrontar los miedos, las preocupaciones y la ansiedad. Siempre que sienta alguna de estas emociones, dibuje o garabatee cualquier cosa. Si no le gusta dibujar, pruebe con libros para colorear. También puede probar otras formas de arte para salir de su cabeza, como bailar, cantar y escribir.

36. Yoga

El yoga es muy relajante y una forma eficaz de afrontar los problemas.

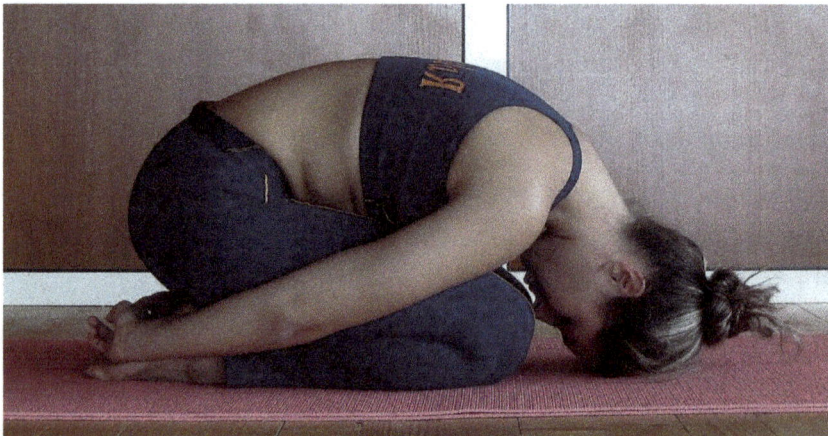

Postura del niño

Instrucciones:

1. Busque un lugar tranquilo en casa, sin distracciones.
2. Siéntese en la esterilla de yoga, como en la imagen.
3. Permanezca en esta posición durante cinco minutos.
4. Despeje la mente y aspire hacia el abdomen.
5. Mantenga la concentración y regrese al momento presente cada vez que se distraiga.

37. Meditación relajante

Instrucciones:

1. Siéntese en una habitación tranquila y en una postura cómoda.
2. Cierre los ojos y respire profunda y lentamente.
3. Concéntrese en su respiración y en nada más.
4. Si su mente divaga o se le cruzan pensamientos por la cabeza, no les preste atención y déjelos pasar.

38. Dibuje círculos

Instrucciones:

1. Coja lápices de colores o bolígrafos de diferentes colores y un cuaderno.
2. Dibuje patrones circulares y manténgase concentrado en la actividad de dibujar.
3. Los patrones no tienen por qué ser bonitos; lo importante es la actividad.
4. Siga dibujando durante unos minutos y luego cambie el patrón y el color del bolígrafo o del lápiz de color.

39. Contraste mental

El contraste mental consiste en pensar positivamente sobre el futuro, al tiempo que se reconocen las dificultades a las que podría enfrentarse para reducir el miedo al futuro.

Instrucciones:

1. Visualice cómo hace realidad sus mayores sueños o cómo alcanza todos sus objetivos.
2. Imagine lo maravillosa que sería su vida y cómo se sentiría.
3. Reconozca los problemas y dificultades que podrían interponerse en su camino, como la falta de motivación.
4. Elabore un plan para superar estos obstáculos.

40. Afirmaciones

- *Me siento apoyado, amado y seguro.*
- *Libero todos mis miedos, preocupaciones y estrés.*
- *Mi mente está tranquila y en calma.*
- *Dejo ir todas las emociones que no me sirven.*
- *Me trato con amabilidad.*

Sección 5: Superar el filtrado mental

El filtrado mental se produce cuando solo se centra en el aspecto negativo de una situación y filtra o ignora lo positivo. En otras palabras, su mente elige ver solo el lado malo de la vida (aunque sea pequeño) y se niega a ver todas las demás cosas buenas que suceden a su alrededor.

Por ejemplo, usted sacó sobresaliente en todas las asignaturas, pero en el último examen de matemáticas sacó un aprobado. Se centra únicamente en este examen y se dice a sí mismo que es un fracasado y un mal estudiante. Olvida todos los elogios que ha recibido de sus profesores y todos sus otros buenos resultados en los exámenes y se juzga a sí mismo basándose en este único examen.

O su mejor amigo hace algo que le molesta, pero intenta disculparse y compensarle. Sin embargo, usted no quiere ver todos sus esfuerzos y solo se centra en este único error.

El filtrado mental aleja los pensamientos positivos, como hace un filtro de agua con la suciedad, excepto que filtra los buenos pensamientos y le deja con los malos. Comprende que siempre hay cosas buenas a su alrededor y pensamientos felices en su cabeza. Su mente solo se los está ocultando.

El efecto del filtrado mental en su vida

El filtrado mental puede ayudarle a ver el lado bueno de cada situación
https://www.pexels.com/photo/woman-holding-a-smiley-balloon-1236678/

El filtrado mental cambiará su forma de ver la realidad. Exagerará lo negativo, bajará su autoestima y tendrá una opinión pesimista de sí mismo y del mundo. Estará ciego ante todas las cosas buenas de su vida y se sentirá constantemente fracasado, aunque haya conseguido logros. Al final, puede caer en la depresión. Por suerte, las técnicas de TCC pueden hacer maravillas con sus pensamientos y su salud mental.

Un ejemplo de uso de la TCC para el filtrado mental

Ryan tenía problemas para ver las cosas buenas de la vida. Siempre tenía la sensación de que alguien le había puesto una venda en los ojos cuando ocurría algo bueno a su alrededor. Sin embargo, las cosas empezaron a cambiar cuando probó la TCC. Utilizaba afirmaciones cada día para recordarse a sí mismo que es una persona increíble y que su vida es estupenda. Cuanto más se repetía palabras como "soy inteligente y bueno en lo que hago" o "tengo suerte de tener una familia y unos amigos estupendos", más se las creía. Así, cada vez que ocurría algo malo, estas afirmaciones desafiaban rápidamente a los pensamientos negativos para recordarle que un error no le define. Con el tiempo, empezó a centrarse más en los aspectos positivos que en los negativos.

Ejercicios

41. Modelo ABC

Este ejercicio le hará consciente de sus pensamientos negativos y tendencias de filtro mental para que pueda cambiar y transformar su forma de pensar.

Instrucciones:

1. Escriba en la "A" de la hoja de ejercicios un acontecimiento que haya sucedido recientemente y que haya desencadenado pensamientos negativos.

2. Escriba en la "B" sus creencias o su comprensión del suceso. Por ejemplo, es muy amigo de uno de sus compañeros de clase, pero no le ha invitado a su fiesta de cumpleaños, por lo que cree que no le cae bien.

3. Escriba en "C" cómo le hizo sentir la situación y cómo afectó a su comportamiento. Por ejemplo, si estaba triste o enfadado y decidió no volver a hablar con su compañero de clase.

4. En "D", cree nuevas creencias o resultados de la situación, como que tal vez no le invitaron porque era una fiesta pequeña.

5. En "E", inventa nuevas creencias, como creer que le gusta a su compañero de clase porque nunca ha actuado de otra manera, y probablemente se trate de un malentendido.

Modelo ABC

A CONTECIMIENTO ACTIVADOR

Le ocurre algo a usted o al entorno que le rodea.

B CREENCIAS

Tiene una creencia o interpretación sobre el acontecimiento activador.

C ONSECUENCIAS

Sus creencias tienen consecuencias que incluyen sentimientos y comportamientos.

D ISPUTA DE CREENCIAS

Desafía sus creencias para crearnuevas consecuencias.

E NUEVAS CREENCIAS EFICACES

Adopción y puesta en práctica de nuevas creencias adaptativas.

42. Reestructuración cognitiva

Esta técnica puede alterar sus pensamientos para que pueda expresar con calma sus emociones.

- Anote los pensamientos negativos.
- ¿Qué pruebas tiene que lo apoyen y cuáles en contra?
- ¿Este pensamiento se basa en lo que estoy sintiendo o en hechos?
- ¿Puedo flexibilizar este pensamiento?
- ¿Estoy malinterpretando las pruebas y solo hago suposiciones?
- Si pregunto a mis padres y hermanos sobre esta situación, ¿Qué pensarán?
- ¿Estoy ignorando las pruebas que no apoyan mi pensamiento?
- ¿Estoy exagerando la verdad?
- ¿Mi pensamiento negativo es una respuesta automática o se basa en hechos?
- ¿Alguien ha influido en mis pensamientos? ¿Son fiables?
- ¿Este pensamiento está basado en algo real o en el peor de los casos?

43. Pensamientos negativos frente a pensamientos positivos

Rellene la hoja de ejercicios. Este ejercicio le hará ver la diferencia entre sus pensamientos negativos y positivos para determinar cuáles son más racionales.

El Modelo Cognitivo

Situación

Ocurre algo. Este paso abarca únicamente los hechos de lo ocurrido, sin ninguna interpretación.

	Mi Pensamiento Actual	Pensamiento Alternativo

Pensamiento

Mediante el pensamiento, interpreta la situación. Estas interpretaciones no siempre son exactas. Hay muchas formas de pensar sobre la misma situación.

Sentimientos

Experimenta emociones basadas en sus pensamientos sobre la situación.

Comportamiento

Responde a la situación basándose en sus pensamientos y sentimientos.

44. Descatastrofización

Catastrofizar es cuando exagera una situación en su cabeza y se centra en los resultados negativos. Decatastrofizar cuestiona sus pensamientos negativos y le da una visión realista de la situación.

Rellene la hoja de trabajo.

Descatastrofización

Las distorsiones cognitivas son pensamientos irracionales que tienen el poder de influir en cómo se siente. Todo el mundo tiene algunas distorsiones cognitivas: son una parte normal del ser humano. Sin embargo, cuando las distorsiones cognitivas son demasiado abundantes o extremas, pueden ser perjudiciales.

Un tipo habitual de distorsión cognitiva es la catastro zación. Cuando se catastro za, se exagera la importancia de un problema o se asume como cierto el peor resultado posible.

Si aprende a cuestionar sus propios pensamientos, podrá corregir muchas de estas distorsiones cognitivas.

¿Qué le preocupa?

_____

_____

¿Qué probabilidades hay de que su preocupación se haga realidad? Ponga ejemplos de experiencias pasadas u otras pruebas que apoyen su respuesta.

_____

_____

Si su preocupación se hace realidad, ¿qué es lo peor que podría pasar?

_____

_____

Si su preocupación se hace realidad, ¿qué es lo más probable que ocurra?

_____

_____

Si su preocupación se hace realidad, ¿qué posibilidades hay de que esté bien...

¿En una semana?_____%   ¿En un mes? _____%   ¿En un año?_____%

45. Ensayo de pensamientos

En este divertido ejercicio, imaginará que uno de sus pensamientos negativos está siendo juzgado y que usted es el juez, el fiscal y el abogado. Rellene esta hoja de ejercicios y presente las pruebas que lo apoyan y las que están en su contra. Cuando termine, juzgue basándose en la información que ha presentado.

Llevar los Pensamientos a Juicio

En este ejercicio, someterá a juicio un pensamiento actuando como abogado defensor, fiscal y juez, para determinar la exactitud del pensamiento.

Acusación y Defensa:

Reúna pruebas a favor y en contra de su pensamiento. Las pruebas solo pueden utilizarse si son hechos verificables. Nada de interpretaciones, conjeturas u opiniones.

Juzgue:

Emita un veredicto sobre su idea. ¿Es el pensamiento exacto y justo? ¿Hay otros pensamientos que puedan explicar los hechos?

EL PENSAMIENTO

LA DEFENSA
pruebas para el pensamiento

LA ACUSACIÓN
pruebas contra el pensamiento

EL VEREDICTO DEL JUEZ

----

46. Desafíe sus reglas internas

Las personas tienen reglas negativas o autocríticas que afectan a cómo se ven a sí mismas o al mundo, como "si suspendo un examen, soy un fracasado". Rellene la hoja de trabajo para comprender mejor sus reglas.

Catalogando Sus Normas Internas

Todos tenemos normas que guían nuestro comportamiento diario. Puede que no seamos capaces de articularlas todas con claridad, pero rondan en nuestro subconsciente y nos empujan hacia un comportamiento coherente con ellas. Muchas de estas normas pueden ser buenas (por ejemplo, "Las buenas personas no hablan mal de los demás a sus espaldas"), pero otras pueden no ser adaptativas o útiles (por ejemplo, "si comete un error, es una mala persona").

Utilice esta hoja de ejercicios para identi car una norma cuestionable o perjudicial y cuestionarla.

LA INFRACCIÓN

¿Qué ha hecho para incumplir una de sus normas internas?

_____

_____

LA REGLA

¿Qué norma rompió su comportamiento? ¿Por qué se sintió mal después de ese comportamiento?

_____

_____

EL ORIGEN DE LA NORMA

¿De dónde viene? ¿Qué le hace pensar que la regla es correcta o buena?

_____

_____

VENTAJAS DE MANTENER ESTA NORMA	DESVENTAJAS DE MANTENER ESTA NORMA
¿En qué le ayuda esta norma?	¿En qué le perjudica esta norma?

Qué Hacer Con Esta Norma: ☐ Quedárselo ☐ Desecharlo ☐ Modificarlo

LA NORMA DEL IR HACIA DELANTE

¿Cuál es la mejor versión posible de esta norma?

_____

_____

47. Desafíe los pensamientos negativos

Rellene esta hoja de ejercicios para aprender a filtrar los pensamientos negativos en lugar de los positivos.

48. Juego de rol

Piense en una situación en la que haya filtrado los pensamientos positivos. A continuación, mencione todos los aspectos negativos de la situación y la otra persona enumerará los positivos. Intente retar al otro con pruebas como un abogado y un fiscal.

49. Afirmaciones

- *Abrazo el amor y la positividad.*
- *Veo que todos los obstáculos desaparecen de mi vida.*
- *Hoy es un buen día lleno de alegría y oportunidades emocionantes.*
- *Resuelvo mis problemas con pensamientos positivos.*
- *Controlo mis pensamientos y solo permito que entre la positividad.*

Sección 6: Vencer la tristeza

Todo el mundo se siente triste e incluso pasa por una depresión en algún momento de su vida. Una persona puede estar riendo y divirtiéndose, pero por dentro está librando una batalla que nadie más conoce. No se puede negar que estos sentimientos son duros, y puede que sienta que nadie puede entender por lo que está pasando. No está solo; la tristeza, el dolor y la depresión son más comunes de lo que cree.

La depresión puede hacerle sentir impotente
https://www.pexels.com/photo/woman-in-black-jacket-3209136/

En cualquier película de superhéroes, el héroe utiliza su dolor como motivación para seguir luchando; no permite que le frene, y usted tampoco debería hacerlo. Una vez que comprenda por lo que está pasando, podrá encontrar los métodos adecuados y ayudarse a sí mismo a mejorar. Toda la información y los ejercicios de este libro pueden ayudarle a controlar los síntomas de la depresión y a tratar la melancolía.

Sin embargo, si estas técnicas no funcionan, no pasa nada. Hay otras formas de obtener apoyo. Pida ayuda a un amigo, a un familiar, a un profesor o a alguien en quien confíe. Le sorprenderá la cantidad de gente que le quiere y desea que se sienta mejor.

¿Qué es la depresión?

La depresión es sentirse deprimido y triste todo el tiempo, acompañado de la pérdida de interés en las actividades que antes disfrutaba.

Causas de la depresión

- Antecedentes familiares: si alguien de su familia sufre depresión, existe la posibilidad de que usted también la padezca.
- Algunos tipos de personalidad son más propensos a la depresión, como los que sufren ansiedad, baja autoestima y alta sensibilidad.
- Sufrir acoso escolar
- Pubertad precoz
- Traumatismos
- Redes sociales
- Presión en la escuela

Síntomas de depresión

- Enfado
- Pérdida de energía
- Sentirse cansado constantemente
- Ignorar su aspecto e higiene
- Aislamiento de familiares y amigos
- Movimientos lentos
- Aumento o pérdida notable de peso
- Dormir demasiado o insomnio
- Sentirse triste sin motivo
- Pesimismo o desesperanza
- Irritabilidad
- Sentirse culpable o inútil
- Autocrítica o autoculpabilización

La TCC es una herramienta eficaz para controlar la tristeza y la depresión porque cambia la forma de pensar, influye en el comportamiento y pone de buen humor. Dado que la tristeza y la depresión son comunes entre los adolescentes, muchos han utilizado técnicas de TCC como el reencuadre del pensamiento, la meditación y el diario para desafiar sus pensamientos negativos, cambiar sus patrones de pensamiento y calmar sus nervios.

Ejemplo de alguien que utiliza la TCC para la ira

Jack solía sentirse cansado todo el tiempo y se pasaba el día durmiendo. Siempre estaba triste y desesperanzado, perdía el apetito y sufría ansiedad. Jack intentó llevar un diario, activar la conducta y reestructurar el pensamiento para prestar atención a las cosas buenas de su vida. También practicaba meditación todos los días para reducir su ansiedad.

Ejercicios

50. Contraste mental para la depresión

Instrucciones:

1. Imagine que el peor de sus escenarios o miedos se hace realidad.
2. Imagine las consecuencias de esta situación.
3. Piense en todas las herramientas que puede utilizar para evitar que este escenario se haga realidad.
4. Haga un plan para utilizar todos sus recursos para evitar que suceda.

51. Programación de actividades agradables (PAS)

Rellene esta hoja de trabajo con las actividades y responsabilidades que solía cumplir antes de la depresión para animarse a volver a su antigua vida. Valore cómo se siente.

Activación del Comportamiento

Puede empezar a disminuir la depresión realizando actividades que le resulten agradables y ocupándose de las responsabilidades que ha estado descuidando.

Enumere tres actividades que le gusten:

1. _____

2. _____

3. _____

Enumere tres responsabilidades de las que deba ocuparse:

1. _____

2. _____

3. _____

Intente realizar al menos una actividad o responsabilidad cada día. Utilice la siguiente escala para valorar su depresión, sus sentimientos agradables y su sensación de logro antes y después de la actividad.

| 0 | 1 | 2 | 3 | 4 | 5 | 6 | 7 | 8 |

Ninguno   Moderado   Extremo

Actividad (lugar, fecha, hora)		Depresión	Placer	Logro
	Antes			
	Después			
	Antes			
	Después			
	Antes			
	Después			

52. Pensar en blanco y negro

Pensar en blanco y negro es creer que las cosas son malas o buenas sin término medio. Este ejercicio le enseñará a dejar de lado este tipo de pensamiento.

Los pensamientos en blanco y negro suelen utilizar palabras extremas como siempre o nunca: "Nunca tendré éxito", o "siempre estoy fracasando". Escriba diez de sus pensamientos en blanco y negro en esta hoja de trabajo y utilice palabras como "soy lo suficientemente flexible para", "estoy dispuesto a", "me estoy dando cuenta de que" o "a veces".

Pensamiento en Blanco y Negro

El pensamiento en blanco y negro, también conocido como pensamiento de todo o nada, es una distorsión cognitiva que consiste en ver las cosas en categorías extremas, como éxito o fracaso, bueno o malo, y correcto o incorrecto, sin matices ni grises.

Ejemplos de Pensamiento en Blanco y Negro:

"No soy lo su cientemente bueno si no consigo el trabajo".

"Si un amigo no me devuelve la llamada en una hora, es que no le importo".

"Soy un vago si no hago ejercicio 5 días a la semana".

"No puedo tener a la vez buenas notas y vida social".

"Soy débil si no puedo seguir una alimentación sana el 100% del tiempo".

Encontrar la Zona "Gris":

Escriba un pensamiento en blanco y negro que haya tenido recientemente, que puede que no sea cierto al 100% todo el tiempo, o que no esté basado al 100% en un hecho muy capaz. Después escriba otra perspectiva que se encuentre en la zona gris.

Pensamiento en Blanco y Negro:

Si un amigo no me devuelve la llamada en una hora, es que no le importo.

Pensamiento Reenmarcado:

Hay muchas otras razones por las que mi amigo podr a no ser capaz de devolverme la llamada en este momento, y no sé con certeza si está relacionado con lo mucho que les importa

Pensamiento en Blanco y Negro:

Pensamiento Reencuadrado:

Pensamiento en Blanco y Negro

El pensamiento en blanco y negro, también conocido como pensamiento de todo o nada, es una distorsión cognitiva que puede causar daño en varios aspectos de la vida. Puede conducir a pensamientos negativos, comportamientos de autosabotaje, a limitar las oportunidades y el progreso.

¿Cómo ha afectado a su vida el pensamiento en blanco y negro?

Rellene el círculo con cualquiera de las consecuencias del pensamiento en blanco y negro que haya experimentado y, a continuación, escriba sobre su experiencia

○ ¿Mis pensamientos tienden a causar malentendidos y oportunidades perdidas para el compromiso y la resolución de conflictos en mis relaciones?

○ ¿Mi mentalidad fija me impide aprender y desarrollar todo mi potencial?

○ ¿Mis pensamientos limitan las oportunidades y dificultan la colaboración y el progreso en el lugar de trabajo?

○ ¿Mi pensamiento en blanco y negro altera mis hábitos alimentarios saludables al crear restricciones dietéticas rígidas y relaciones poco saludables con la comida?

○ ¿Mis pensamientos me conducen a pensamientos y emociones negativos y a comportamientos de autosabotaje?

○ ¿Mis pensamientos me llevan a tomar decisiones sin tener en cuenta el impacto en mí mismo y en los demás?

○ ¿Mis pensamientos me llevan a idealizar y desvalorizar a los demás, causando trastornos emocionales en mis relaciones?

○ ¿Mis pensamientos me llevan a hacer suposiciones sin verificar los hechos?

○ ¿Mis pensamientos filtran la información positiva y solo se centran en lo negativo?

○ ¿Mi pensamiento en blanco y negro provoca ansiedad al exagerar la probabilidad de que ocurra algo negativo?

¿Cómo le ha afectado el pensamiento en blanco y negro?

Pensamiento en Blanco y Negro

Esta hoja de ejercicios le guiará a través de una serie de preguntas para ayudarle a evaluar sus pensamientos y determinar si implican un pensamiento en blanco y negro. Escriba un pensamiento que haya tenido recientemente y marque las casillas.

Escriba el pensamiento:

_____

_____

_____

SÍ (Puede ser un pensamiento en blanco y negro)

○ ¿Es el pensamiento demasiado simplista o extremo?

○ ¿Incluye afirmaciones rígidas del tipo "debería" o "debo"?

○ ¿Implica pensar en absolutos, como "siempre" o "nunca"?

○ ¿No hay espacio para matices o complejidad en el pensamiento?

○ ¿Se sacan conclusiones precipitadas sin tener en cuenta todas las pruebas?

○ ¿Existen otras explicaciones o perspectivas posibles que el pensamiento ignora?

○ ¿Se personaliza o globaliza un acontecimiento?

○ ¿Implica catastrofizar o minimizar la situación?

○ ¿Implica el pensamiento de restar importancia a lo positivo o exagerar lo negativo?

○ ¿Se centra en un aspecto de la situación e ignora los demás?

○ ¿Implica hacer suposiciones sin verificar los hechos?

○ ¿Generaliza demasiado a partir de una experiencia negativa?

Cambiar el pensamiento en blanco y negro lleva tiempo, pero con la práctica se convertirá en algo natural.

53. Sobregeneralización

La sobregeneralización consiste en aplicar el mismo pensamiento a múltiples situaciones. Por ejemplo, si pierde un partido, se dice a sí mismo: "Nunca gano ningún partido". Intente este ejercicio para desafiar estos pensamientos.

1. Piense en alguien a quien quiere mucho, como su mejor amigo o su hermano.

2. Imagine que acuden a usted con uno de sus pensamientos sobregeneralizados como "meto la pata cada vez que hablo en clase".

3. Escriba tres cosas que le diría.

•   _____

    _____

•   _____

    _____

•   _____

    _____

4. ¿En qué se diferencian de sus pensamientos internos?

    _____

    _____

5. ¿Le diría a su hermano las mismas cosas que se dice a sí mismo? En caso negativo, ¿por qué no?

    _____

    _____

6. ¿Por qué no se trata a sí mismo con la misma amabilidad?

    _____

    _____

54. Diario

1. Escriba en su cuaderno un pensamiento catastrofista (exagerado). De este modo, se separará de él y lo mirará como si perteneciera a otra persona.

2. Cuando lo lea unas cuantas veces, se dará cuenta de que ese pensamiento es irracional.

3. Empezará a pensar de forma más objetiva y se le ocurrirán pensamientos útiles.

55. Meditación para caminar

1. Salga a caminar concentrándose en cada paso.

2. Observe cuántas respiraciones hace a cada paso y a qué velocidad camina.

3. Concéntrese en cómo se sienten sus pulmones con cada respiración.

4. Adapte su respiración a sus pasos.

5. Respire hondo, cuente tres pasos, espire y dé tres pasos.

6. Sienta el viento en su pelo y concéntrese en dónde está y qué está haciendo.

56. Visualización

1. Siéntese en una habitación tranquila en una posición cómoda.

2. Cierre los ojos y respire hondo varias veces.

3. Imagine que está en su lugar favorito.

4. Visualícese feliz y divirtiéndose.

5. Sienta todo lo que le rodea con sus cinco sentidos para que la imagen sea lo más real posible.

6. Permanezca en este lugar hasta que se sienta relajado.

57. Ejercicio de respiración

1. Túmbese y coloque una mano sobre el pecho y la otra sobre el estómago.

2. Respire profundamente por las fosas nasales y deje que el estómago empuje la mano hacia fuera.

3. Exhale por los labios como si estuviera silbando.

4. Repítalo cinco veces.

58. Etiquete sus pensamientos

1. Cierre los ojos y respire profundamente.

2. Permítase pensar en sus pensamientos negativos.

3. Cada vez que tenga un pensamiento, etiquételo como lo que es: un "pensamiento". Por ejemplo, diga: "Estoy pensando que no soy un buen amigo".

4. Siga repitiendo para autoconvencerse de que es solo un pensamiento y no un hecho.

59. Afirmaciones

- *Merezco más de lo que mi mente me dice.*

- *Soy suficiente.*

- *Soy una buena persona.*

- *Encuentro belleza en mis partes rotas.*

- *Mis errores no me definen.*

Sección 7: Controlar la ira

La ira es una emoción fuerte que siente cuando alguien le insulta o cuando algo va mal. Cuando se expresa con calma, la ira es un sentimiento útil que hace saber a los demás que está molesto o frustrado.

Expresar la ira con calma puede ayudar a la gente a entender que está frustrado
https://unsplash.com/photos/sLrw_Cx6u_I?utm_source=unsplash&utm_medium=referral&utm_content=creditShareLink

Factores desencadenantes de la ira

- Sentirse incomprendido o no escuchado
- Que le culpen de algo que no ha hecho
- Cuando alguien se burla de usted
- Sentirse amenazado
- Maltrato
- El estrés

Efectos de la ira en la salud

- Aumenta su ansiedad
- Depresión
- Dolores de cabeza
- Insomnio
- Problemas en la piel
- Nubla su juicio
- Aumenta los pensamientos negativos
- Estrés
- Aislamiento
- Baja autoestima
- Comportamiento violento

La TCC le enseñará a controlar sus emociones. Estas técnicas pueden cuestionar los pensamientos negativos causados por la ira y sustituirlos por pensamientos compasivos, útiles y racionales.

Ejercicios

60. Escala SUD

Piense en la última vez que se enfadó y puntúela del uno al diez. Después, coloree la escala en función de lo enfadado que se sienta en ese momento. En secciones separadas, escriba los desencadenantes que suelen provocar su enfado, y otra sección para anotar lo que puede hacer para controlar su enfado eficazmente.

Mi Termómetro de la Ira

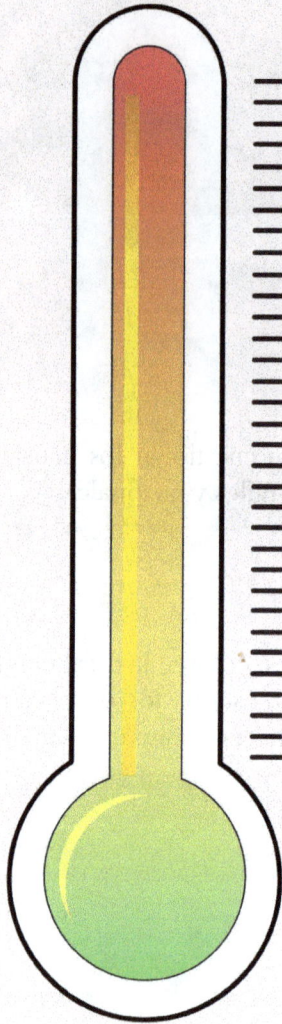

61. Reestructuración cognitiva

La reestructuración cognitiva o replanteamiento cognitivo es un método de TCC que le hace darse cuenta de sus pensamientos negativos y cuestionarlos. Al final se dará cuenta de que esos pensamientos son irracionales o exagerados en su cabeza. Entonces podrá "replantearlos" para empezar a pensar en positivo.

Rellene la hoja de trabajo igual que en el ejercicio número 43, pero céntrese en los pensamientos que le han enfadado.

- Escriba el pensamiento negativo.

- ¿Qué pruebas tiene que lo apoyen y cuáles en contra?

- ¿Este pensamiento se basa en mis emociones o en hechos?

- ¿Puede ser más flexible?

- ¿Estoy malinterpretando las pruebas y solo hago suposiciones?

- Si pregunto a mis padres y hermanos sobre esta situación, ¿qué pensarán?

- ¿Estoy ignorando las pruebas que no apoyan lo que pienso?

- ¿Estoy exagerando la verdad?

- ¿Mi pensamiento negativo es una respuesta automática o se basa en hechos?

- ¿Alguien ha influido en lo que pienso? ¿Es de fiar?

- ¿Este pensamiento está basado en algo real o en el peor de los casos?

62. Experimento conductual

La ira suele basarse en pensamientos irracionales que intensifican sus emociones y le hacen perder los nervios. Este ejercicio pondrá a prueba los pensamientos negativos para ver cómo afectan a su comportamiento y a su estado de ánimo. Simplemente, imagine un escenario con este pensamiento y prediga cómo reaccionará. O puede experimentar pensando en este pensamiento con su familia y amigos y ver su efecto en usted.

Experimento de Comportamiento

Nuestros pensamientos y creencias determinan cómo nos sentimos y cómo actuamos en cada momento. Incluso los pensamientos irracionales in uyen en nuestro estado de ánimo y nuestro comportamiento, a menudo de forma negativa. Un experimento de comportamiento es una herramienta para poner a prueba nuestros pensamientos y creencias, y sustituir aquellos que son irracionales por alternativas saludables.

Parte 1: Plan del Experimento

Pensamiento a Probar
¿Cuál es el pensamiento o creencia que le gustaría poner a prueba?

Experimento
¿Cómo puedes poner a prueba esta idea?

¿Cuándo hará el experimento?

Predicción
¿Qué cree que ocurrirá durante el experimento?

¿Cómo espera sentirse después del experimento?

MUY MAL — NEUTRAL — MUY BIEN

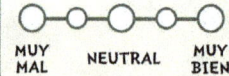

Parte 2: Resultados del Experimento

Resultado
¿Qué ocurrió durante el experimento?

¿Cómo se sintió después del experimento?

MUY MAL — NEUTRAL — MUY BIEN

Nuevo Pensamiento
Dadas las pruebas del experimento, ¿cuál es su nuevo pensamiento?

----

63. Registre su estado de ánimo

Utilice esta hoja de trabajo para hacer un seguimiento de su estado de ánimo durante una semana e identificar los pensamientos negativos.

Cuadro de Humor Semanal

	Lunes	Martes	Miércoles	Jueves	Viernes	Sábado	Domingo
6 AM - 10 AM							
10 AM - 2 PM							
2 PM - 6 PM							
6 PM - 10 PM							
10 PM - 2 AM							
2 AM - 6 AM							

64. Gráfico diario de su estado de ánimo

Este ejercicio rastreará sus emociones todos los días para que pueda controlar su comportamiento de enojo.

Cuadro Diario de Estados de Ánimo

	Feliz	Triste	Enfadado	Cansado	Emocionado	Ansioso	Otros	Notas
6 AM - 8 AM								
8 AM - 10 AM								
10 AM - 12 PM								
12 PM - 2 PM								
2 PM - 4 PM								
4 PM - 6 PM								
6 PM - 8 PM								
8 PM - 10 PM								
10 PM - 12 AM								
12 AM - 2 AM								
2 AM - 4 AM								
4 AM - 6 AM								

65. Registro de pensamientos

Escriba un suceso que le haya enfadado, sus pensamientos negativos, cómo afectaron a su comportamiento y acciones, y cómo desearía haber respondido.

Registro de Pensamientos

Suceso	Pensamiento	Consecuencia (emoción y comportamiento)	Respuesta Alternativa

66. Diario de la ira

Cada noche, antes de irse a dormir, reflexione sobre una persona o situación que le haya hecho enfadar.

Diario de la Ira

EJEMPLO	Desencadenante	
	Señales de Advertencia	
	Respuesta con Ira	
	Resultado	

EVENTO UNO	Desencadenante	
	Señales de advertencia	
	Respuesta con Ira	
	Resultado	

SEGUNDO EVENTO	Desencadenante	
	Señales de Advertencia	
	Respuesta con Ira	
	Resultado	

Diario de la Ira

EVENTO TRES		
	Desencadenante	
	Señales de Advertencia	
	Respuesta con Ira	
	Resultado	

EVENTO CUATRO		
	Desencadenante	
	Señales de Advertencia	
	Respuesta con Ira	
	Resultado	

SEGUNDO CINCO		
	Desencadenante	
	Señales de Advertencia	
	Respuesta con Ira	
	Resultado	

REVISIÓN		
	¿Nota algún patrón relacionado con su ira?	
	En general, ¿cómo le gustaría reaccionar de forma diferente?	

67. Meditación

Instrucciones:

1. Respire profundamente y concéntrese en sus pies.
2. Flexione, mueva los dedos de los pies e imagine que la ira abandona su cuerpo a través de los dedos.
3. A continuación, concéntrese en las piernas y apriete los músculos, luego imagine que la ira abandona su cuerpo desde las piernas.
4. Repita los pasos anteriores con el torso, el cuello, los hombros, los brazos y la cara.

68. Ejercicio de respiración

Instrucciones:

1. Sujete una flor y respire profundamente, aspirando su aroma.
2. Aguante la respiración mientras cuenta hasta tres.
3. Exhale por la boca y cuente hasta cuatro.
4. Repita hasta que se calme.

69. Afirmaciones

- *Controlo mi ira.*
- *Elijo responder con amabilidad en lugar de con ira.*
- *Mi corazón y mi mente están libres de ira y ansiedad.*
- *Nunca elegiré la ira.*
- *Me expreso con comprensión y respeto.*

Sección 8: Mi autoestima

La autoestima es cómo se ve a sí mismo y cómo se valora. Es su autoestima y sus opiniones sobre su aspecto, su personalidad, su carácter y su vida. La baja autoestima es común entre muchos adolescentes que a menudo se cuestionan su identidad y si son lo suficientemente buenos y se comparan con sus compañeros.

Ser acosado puede afectar a su autoestima
https://www.pexels.com/photo/a-student-getting-bullied-by-schoolmates-7396383/

Factores que influyen en su autoestima

¿Cuántas horas pasa en las redes sociales? Seguro que sus padres le han dicho muchas veces que deje el teléfono, pero usted no puede. Sin embargo, tienen razón. Las redes sociales pueden dañar su autoestima.

Todas las fotos que ve en internet están filtradas o muy editadas. Las fotos "espontáneas" que publican los famosos son cualquier cosa menos espontáneas. Tardan horas en conseguir la iluminación, el maquillaje y la pose adecuadas para que parezca que lo son. Incluso el "look sin maquillaje" es mentira. Nadie publica una foto en la que se le vean las ojeras. En realidad usan maquillaje que parece natural. Todas estas imágenes pueden mermar su autoestima, ya que siguen comparándose con estos cánones de belleza poco realistas.

También puede ver en internet a personas que publican sus vacaciones y se divierten, y usted siente que su vida es aburrida en comparación. Entienda que nada de lo que ve en las redes sociales es real. La gente solo publica sobre las cosas buenas de su vida. Nadie escribirá sobre sus lágrimas o su corazón roto.

La soledad también puede afectar a la autoestima. Pasar tiempo a solas con sus pensamientos negativos puede hacer que se sienta mal consigo mismo. Debería estar rodeado de gente que le levante el ánimo y le haga feliz.

Ejercicios

70. Desafíe su pensamiento

Cada vez que tenga un pensamiento negativo que afecte a su autoestima, pregúntese: "¿Cuánto me está costando este pensamiento?".

Mi Termómetro de Autoestima

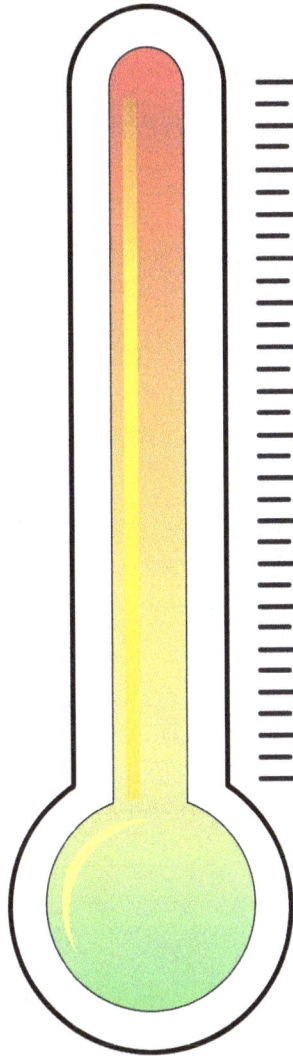

71. Ponga nombre a su crítico interior

Darle un nombre a su crítico interior le distanciará de ellos para que pueda mirar estos pensamientos objetivamente.

Hoja de Trabajo del Crítico Interior

Nombre:

Fecha:

El Crítico Interior es la Voz de la Autoduda

Formas de Reconocer a Su Crítico Interior:

1. La voz le critica duramente.

2. Se siente fuera de control de esta voz. Más bien la oye y luego la crea.

3. Se repite una y otra vez (disco rayado).

4. Sabe que el pensamiento es falso, pero no le abandona.

5. Le ataca por acoger los pensamientos que acaba de meter en su cabeza, es decir: "No sea tan inseguro".

6. Tiene pensamientos en blanco y negro

7. Argumenta a favor de sus intereses para mantenerle a salvo. A menudo se hace eco de personas de su vida que son críticos externos.

8. Nos dice que aún no estamos preparados (necesidad de trabajar más, necesidad de educación).

9. Nos dice en qué no somos buenos (por ejemplo: "No se le dan bien los números, la tecnología o hablar en público").

1. Conocer a Su Crítico Interior

· ¿Qué dice su crítico?
Escriba algunas de las creencias más frecuentes de su crítico interior.

_____

_____

_____

_____

Hoja de Trabajo del Crítico Interior

· ¿De quién de su vida actual o de su pasado se hace eco o en quién se basa el crítico interior cuando habla?
¿Familiares, antiguos profesores, mensajes culturales?

· ¿Cómo describiría su crítico interior? ¿Ansioso? ¿Le gusta la gente?
¿Persistente? Elija cinco palabras para describirlo.

----

2. Cree Su Personaje

Hoja de Trabajo de la Crítica Interior

3. Póngale Nombre a Su Personaje:

Formas de Distinguir la Crítica Interior del Pensamiento Realista

Declaraciones definitivas	Preguntas curiosas
Blanco y Negro	Able to see the gray
Repetitivo	Previsor
Emocionalmente cargado	Basado en las emociones
Sin interés por las pruebas reales	Interesado en reunir información
Retirada	Explorar
Se centra en los problemas/las carencias	Búsqueda de soluciones
Tono ansioso	Tono más tranquilo
Autocrítica	Autocuidado

Hoja de Trabajo del Crítico Interior

Formas de Trabajar con Su Crítico Interior

1. Nombrar etiquetar y notar

2. Retirarse de la escena

3. Comprensión compasiva de los motivos del crítico

4. Gracias, pero no gracias

5. Separar el yo del crítico interior

6. Crear un personaje que personifique a su crítico interior

7. Humor

8. Bajar el volumen

9. Mover la voz (imaginarse la voz retrocediendo en el espacio)

10. Gracias, pero esto ya lo tengo cubierto. *******

72. Reconozca la distorsión del pensamiento

Desafíe los pensamientos que afectan a su autoestima con este ejercicio.

Registro de Monitorización de Distorsión del Pensamiento

Situación	Pensamiento automático	Emociones y sensaciones corporales	Estilo de pensamiento poco útil
¿Con quién estaba? ¿Qué estaba haciendo? ¿Dónde estaba? ¿Cuándo ocurrió?	¿Qué se le ha pasado por la cabeza? (Pensamientos, imágenes o recuerdos)	¿qué ha sentido? (Valore la intensidad de 0 a 100%)	¿Cae su pensamiento en alguna de estas trampas comunes?
			☐ **PENSAR TODO O NADA** Pensar en extremos. Por ejemplo, algo es bueno o malo al 100%.
			☐ **CATASTROFISMO** Llegar a la peor conclusión posible
			☐ **GENERALIZAR EN EXCESO** Ver un patrón basado en un único acontecimiento
			☐ **FILTRO MENTAL** Prestar atención solo a determinados tipos de pruebas ("eso no cuenta")
			☐ **DESCALIFICAR LO POSITIVO** Descartar la información positiva o convertir lo positivo en negativo
			☐ **SACAR CONCLUSIONES PRECIPITADAS** Leer la mente o predecir el futuro
			☐ **MINIMIZACIÓN** Restar importancia a algo
			☐ **RAZONAMIENTO EMOCIONAL** Asumir que porque nos sentimos de cierta manera nuestra corazonada debe ser cierta
			☐ **EXIGENCIA** Utilizar palabras como "debería", "debe" y "tendría".
			☐ **ETIQUETADO** Asignar etiquetas a nosotros mismos o a los demás ("soy una basura")
			☐ **PERSONALIZACIÓN** Asumir demasiada o muy poca responsabilidad
			☐ **BAJA TOLERANCIA A LA FRUSTRACIÓN** Decir cosas como "esto es demasiado difícil", "esto es insoportable" o "no lo soporto"

73. Carta de amor

Escriba una carta de amor a sí mismo.

74. Recuérdese sus puntos fuertes

Recuérdese a sí mismo lo increíble que es rellenando esta hoja de ejercicios.

Mis Puntos Fuertes y Cualidades

Cosas que se me dan bien...

1
2
3

Elogios que he recibido...

1
2
3

Lo que me gusta de mi aspecto...

1
2
3

Retos que he superado...

1
2
3

He ayudado a los demás...

1
2
3

Cosas que me hacen único...

1
2
3

Lo que más valoro...

1
2
3

Veces que he hecho felices a los demás...

1
2
3

75. La historia de su vida

Escriba tres historias sobre usted siguiendo las instrucciones de la hoja de ejercicios.

El Pasado, Presente y Futuro

Escribir una historia sobre su vida puede ayudarle a encontrar sentido y valor a sus experiencias. Le permitirá organizar sus pensamientos y utilizarlos para crecer. Las personas que desarrollan historias sobre su vida tienden a experimentar una mayor sensación de significado, lo que puede contribuir a la felicidad.

El Pasado

Escriba la historia de su pasado. Asegúrese de describir los retos que ha superado y las fortalezas personales que le han permitido hacerlo.

El Pasado, Presente y Futuro

El Presente

Describe su vida y quién es ahora. ¿En qué se diferencia de su pasado? ¿Cuáles son sus puntos fuertes ahora? ¿A qué retos se enfrenta?

El Pasado, Presente y Futuro

El Futuro

Escriba sobre su futuro ideal. ¿En qué se diferenciará su vida de la actual? ¿En qué será diferente de lo que es ahora?

76. Diario de gratitud

Recuérdese a sí mismo todas las cosas increíbles que tiene en su vida escribiendo tres cosas por las que está agradecido cada día.

DIARIO DE GRATITUD

Tres Cosas Buenas

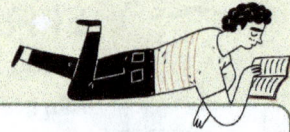

DÍA 1

Algo bueno que me ha pasado hoy...

Algo bueno que he visto hacer a alguien...

Hoy me he divertido cuando...

DÍA 2

Algo que he conseguido hoy...

Algo divertido que me ha pasado hoy...

Alguien a quien he dado las gracias hoy...

DIARIO DE GRATITUD

Tres Cosas Buenas

DÍA 3

Algo por lo que he dado gracias hoy...

Hoy he sonreído cuando...

Algo de hoy que siempre querré recordar...

DÍA 4

Algo bueno que me haya pasado hoy...

Hoy ha sido un día especial porque...

Hoy me he sentido orgulloso de mí mismo porque...

DIARIO DE GRATITUD

Tres Cosas Buenas

DÍA 5

Algo interesante que sucedió hoy...

Alguien a quien he dado las gracias hoy...

Hoy me he divertido cuando...

DÍA 6

Algo de hoy que siempre querré recordar...

Algo gracioso que me haya pasado hoy...

Mi parte favorita de hoy...

DIARIO DE GRATITUD

Tres Cosas Buenas

Algo por lo que me he alegrado hoy...

Algo bueno que he visto hacer a alguien hoy...

Algo que he hecho bien hoy...

77. Establezca objetivos para mejorar su vida

Propóngase metas semanales para mejorar su vida, como hacer ejercicio, estudiar más, pasar menos tiempo en las redes sociales o comer sano.

Fijación de objetivos

Hoja de Objetivos

Esta semana, mi objetivo es:

Lunes	Martes	Miércoles	Jueves	Viernes	Sábado	Domingo

78. Perdónese a sí mismo

Perdónese por todos sus errores del pasado y por las cosas de las que se siente culpable y que están afectando a su autoestima. Escriba las cosas de las que se culpa; tómese su tiempo para perdonarse por cada una de ellas, prometiéndose no volver a pensar en ellas.

79. Afirmaciones

- *Celebro mi singularidad.*
- *Soy hermoso por dentro y por fuera.*
- *Soy perfecto y seguiré mejorando y creciendo.*
- *Acepto cada parte de mí.*
- *Me estoy convirtiendo en la mejor versión de mí mismo.*

Sección 9: No más "debería"

Las expectativas de la sociedad, la presión de los compañeros y las normas que se impone a sí mismo conforman sus pensamientos, elecciones y comportamientos. La mayoría de las veces, hace lo que "debería" en lugar de lo que quiere hacer.

La presión de grupo puede obligarle a cambiar su comportamiento

Los "debería" son normas estrictas que dictan cómo debe comportarse, actuar y vivir. Estos pensamientos le someten a mucha presión, ya que siente que debe actuar de una determinada manera. Se sentirá culpable y avergonzado si no sigue estas normas. Probablemente se haya sorprendido a sí mismo diciendo: "Debería hacer más ejercicio" o "debería perder peso".

La frase "debería" cambia su forma de pensar y se convierte en parte de su identidad. A menudo no se da cuenta del efecto que tienen estos pensamientos. Cuando se impone a sí mismo exigencias poco razonables y poco realistas, se sentirá ansioso, enfadado y triste, y le costará alcanzar sus objetivos.

Ejercicios

80. ¿Por qué?

El "debería" se ha convertido en su reacción natural, tanto que ni siquiera piensa en ello. Desafíe estos pensamientos preguntándose: "¿Por qué?". Esto le llevará a explorar e identificar sus auténticos valores. En otras palabras, descubrirá si estos pensamientos marcan alguna diferencia en su vida o si solo está siguiendo estas normas porque "debería".

¿Por qué?

Declaraciones del Debería

Por qué

¿Necesita estos pensamientos en su vida?

---

81. Establezca objetivos realistas

Una vez identifique cuáles son los objetivos del "debería" que coinciden con sus valores, cámbielas por objetivos para liberarse de la presión. Por ejemplo, convierta "debería perder peso" en "mi objetivo es perder peso y estar sano".

Declaración/Valores del Debería

Mis Objetivos

---

82. Reformule sus oraciones con el debería

Reformular los enunciados con "debería" cambia cómo se siente acerca de estos pensamientos y no le hará sentirse culpable si no puede conseguirlos. Por ejemplo, convierta "no debería pasar tanto tiempo en las redes sociales" en "me gustaría pasar menos tiempo en las redes sociales."

Declaraciones del Debería

Nuevos Pensamientos

----

83. Elimine el "debería"

Elimine la palabra "debería" de sus pensamientos para llegar a la raíz de sus verdaderos sentimientos. Por ejemplo, "no debería sentirme herido por lo que dijeron" se convertirá en "me siento herido por lo que dijeron". ¿Ve la diferencia?

Declaraciones con el Debería

Declaraciones sin el Debería

----

84. Explore sus sentimientos

Puede que le cueste desprenderse de las afirmaciones del tipo "debería". Así que explore cómo le hacen sentir para comprender su efecto en su salud mental y emocional.

Declaraciones del Debería

_____

_____

_____

Cómo Me Hacen Sentir

_____

_____

_____

85. Repita sus pensamientos

Escriba las afirmaciones del tipo "debería", luego póngase delante de un espejo y repítaselas a sí mismo utilizando "usted" en lugar de "yo" o "mí". Se dará cuenta de lo perjudiciales que son estas afirmaciones para su autoestima y de que ha sido duro consigo mismo.

86. Meditación

Instrucciones:

1. Póngase bajo la ducha y ajuste el agua a una temperatura templada.
2. Elija un gel de ducha con un aroma que relaje sus sentidos.
3. Sienta el agua en su piel y en cada parte de su cuerpo.
4. Cada vez que tenga un pensamiento intrusivo, visualícelo yéndose por el desagüe.
5. Concéntrese únicamente en el momento presente y en lo que está haciendo, y permítase relajarse.

87. Ejercicio de respiración 4-7-8

Instrucciones:

1. Coloque la punta de la lengua detrás de sus dientes superiores.
2. Exhale por la boca y haga el sonido "whoosh".
3. Cierre la boca y respire profundamente por sus fosas nasales mientras cuenta hasta cuatro.
4. Aguante la respiración mientras cuenta hasta siete.
5. Exhale por la boca mientras cuenta hasta ocho.

88. Escriba una carta a su futuro yo

Escriba una carta a su futuro yo, expresando cómo era su vida cuando vivía según las afirmaciones "debería" y cómo espera que sea cuando abandone estos pensamientos. Lea esta carta cada vez que estos pensamientos se cuelen en su cabeza.

89. Afirmaciones

- *Vivo según mis propios valores.*
- *No dejo que nadie dicte mis pensamientos.*
- *Elijo una vida que me haga feliz.*
- *No dejaré que las normas de la sociedad influyan en mis pensamientos.*
- *Soy libre de vivir mi vida según mis propias reglas.*

Sección 10: La paz interior

Se cree que cada persona tiene paz interior. Mucho ruido a su alrededor puede estresarle o causarle ansiedad. Necesita encontrar su paz interior y utilizarla para acallar los pensamientos negativos de su cabeza.

Encontrar su paz interior puede acallar los pensamientos negativos en su cabeza
https://unsplash.com/photos/long-exposure-photography-of-trees-1XGlbRjt92Q

Beneficios de la paz interior y el equilibrio emocional

- Reduce el estrés
- Le hace apreciar el presente y ser feliz
- Evita los malos hábitos
- Se centra en sus objetivos
- Mejora su concentración
- Le da poder y fuerza interior
- Le da la capacidad de recuperarse de los contratiempos
- Le permite tener relaciones fuertes

Atención plena

Puede alcanzar la paz interior practicando ejercicios de atención plena, como la meditación o los ejercicios de respiración. La atención plena consiste en estar presente en el aquí y ahora y ser plenamente consciente de lo que le rodea, de sus emociones y de lo que está haciendo. Esta capacidad le protege de sentirse abrumado en cualquier situación y le enseña a reaccionar con calma en lugar de dejarse abrumar por sus emociones. Es una herramienta eficaz contra el estrés y la ansiedad.

Ejercicios

90. Preguntas de reflexión

Piense detenidamente antes de responder a estas preguntas.

1. Si pudiera cambiar una cosa de su vida, ¿qué sería y por qué?

_____

_____

_____

2. Si tuviera el poder de viajar al futuro, hágase una pregunta: ¿dónde/cuándo sería y por qué?

_____

_____

_____

3. Piense en los momentos en que fue más feliz; ¿qué hizo que esos días fueran especiales y por qué?

---

91. Respiración consciente

Instrucciones:

1. Separe los dedos para que su mano parezca una estrella.
2. Trace lentamente el contorno de su mano utilizando el dedo índice de la otra mano.
3. Respire profundamente mientras traza desde la punta de la muñeca hasta la punta del pulgar.
4. Exhale mientras traza hacia abajo el otro lado del pulgar.
5. Repita una vez más en la misma mano y luego dos veces en la otra.

92. Respiración consciente nº 2

Instrucciones:

1. Extienda la palma de la mano e imagine que su mano es una tarta de cumpleaños y que cada dedo es una vela.
2. Respire profundamente y exhale lentamente para apagar cada vela.
3. Baje los dedos cuando haya terminado y repita con la otra mano.

93. Exploración corporal

Instrucciones:

1. Túmbese y cierre los ojos.
2. Respire lenta y profundamente desde el vientre.
3. A continuación, lleve su atención a sus pies y note cómo se sienten.
4. Observe si experimenta algún pensamiento o emoción y respire para superarlos.
5. Si experimenta alguna sensación incómoda, respire profundamente y observe si cambia.
6. Visualice que la tensión se libera de su cuerpo y desaparece.
7. Repítalo con cada parte de su cuerpo.

94. Técnicas de autocuidado

- Duerma bien
- Coma sano
- Manténgase hidratado
- Evite el estrés y sus desencadenantes
- Relájese haciendo algo que le guste, como ver la televisión o escuchar música
- Actívese bailando y dando paseos

- Limite el tiempo que pasa en las redes sociales

- Anímese a salir de casa y pasar tiempo con sus amigos.

- Sea creativo dibujando o escribiendo

- Dese un capricho comiendo una buena comida o un postre

95. Alimentación consciente

Instrucciones:

1. Tome un trozo de su fruta o verdura favorita.
2. Planee comérsela concentrándose solo en la actividad de comer y en nada más.
3. Observe la forma y el color del alimento, y cómo se siente en la mano.
4. Tome un bocado y observe cómo se mueve en su boca.
5. Preste atención al sabor y descríbalo.
6. Trague y sienta el regusto.
7. Repítalo hasta que termine de comer.

96. Yoga

Practique la postura de yoga de esta ilustración y permanezca en esta posición durante un par de minutos.

97. Estiramiento consciente

Practique el estiramiento de cuello, de lado a lado tirando de la cabeza con una mano desde cada lado, como en la ilustración.

98. Conecte con sus sentidos

Instrucciones:

1. Mire alrededor de la habitación y nombre cinco objetos que vea.
2. Luego, nombre cuatro objetos que pueda tocar.
3. Nombre tres sonidos que pueda oír.
4. Nombre dos aromas que pueda oler.
5. Por último, nombre una cosa que pueda saborear.

99. Afirmaciones

- *Estoy en paz con la persona en la que me he convertido.*
- *Estoy rodeado de armonía y paz.*
- *Conecto con mi paz interior.*
- *La paz me sigue dondequiera que vaya.*
- *Cada parte de mí atrae alegría y paz.*

Hoja de Seguimiento de la Atención Plena

Registro de Práctica

Instrucciones: Cada vez que realice una práctica formal a lo largo de las semanas de este programa, rellene el siguiente registro. Al rellenarlo, y al repasar la práctica de la semana anterior, piense en cómo ha ido su práctica. ¿Nota algún patrón sobre lo que funciona mejor para usted? ¿Qué cambios podría hacer para mantener la disciplina? Aquí tiene un ejemplo que le mostrará cómo hacerlo.

Fecha y Práctica Formal	Hora	Práctica Informal	Pensamientos, sentimientos y sensaciones que surgieron durante la práctica y cómo se sintió después
12/21 Espacio de Respiración	8 a.m.	Cepillarse los dientes	Mi mente no paraba de pensar en todo el trabajo que tenía que hacer hoy. A veces notaba una opresión en el pecho, pero se calmaba. Esa opresión en el pecho era ansiedad, y me sentí más tranquilo después de la práctica. Como información, nunca había notado las sensaciones de las cerdas en las encías, interesante.

Hoja de Seguimiento de la Atención Plena

Fecha y Práctica Formal	Hora	Práctica Informal	Pensamientos, sentimientos y sensaciones que surgieron durante la práctica y cómo se sintió después

Sección extra: Mi registro de comportamiento

Actividad 101

Anote en esta hoja de ejercicios todas las veces que se sintió ansioso durante el día y responda a las preguntas que figuran al final. Imprima este registro para llevar la cuenta de su ansiedad durante todo el tiempo que necesite.

REGISTRO DE PENSAMIENTOS

Un registro de pensamientos es útil para llevar la cuenta de sus pensamientos de ansiedad a lo largo de la semana. Cada vez que surjan esos pensamientos, anótelos aquí. Esfuércese por cambiar sus pensamientos de ansiedad por otros positivos y ¡vea lo que ocurre!

¿Qué ha pasado? (Desencadenante)	¿Cómo me hizo sentir?	Pensamientos de ansiedad que tuve	Nuevos pensamientos positivos que intenté	¿Qué ocurrió? (Resultado)

A continuación, responda a estas preguntas.

1. ¿Registrar su comportamiento le hace sentir más o menos ansioso? ¿Por qué?
2. ¿Cómo fue prestar atención a sus sentimientos de ansiedad al llevar este registro?
3. ¿Es consciente de que tiene muchos pensamientos relacionados con la ansiedad?
4. ¿Qué quiere hacer para superar su ansiedad?

Gracias

¡Lo ha conseguido! Ya ha terminado el libro y ha dado un paso real y poderoso para mejorar su vida. No se puede negar que ser adolescente tiene sus retos, pero ha tomado la sana decisión de dotarse de las herramientas adecuadas para superar esta etapa.

No es fácil convivir con la ansiedad, la ira, los pensamientos negativos y los miedos. Pueden afectar seriamente su estado de ánimo, su personalidad y su bienestar. La TCC puede transformar su vida y ponerle en control de sus emociones en lugar de que ellas le controlen a usted. Le impresionará cómo reacciona ante diferentes situaciones y su capacidad para manejarlas.

¡Gracias por confiar en este libro y emprender este viaje!

Mira otro libro de la serie

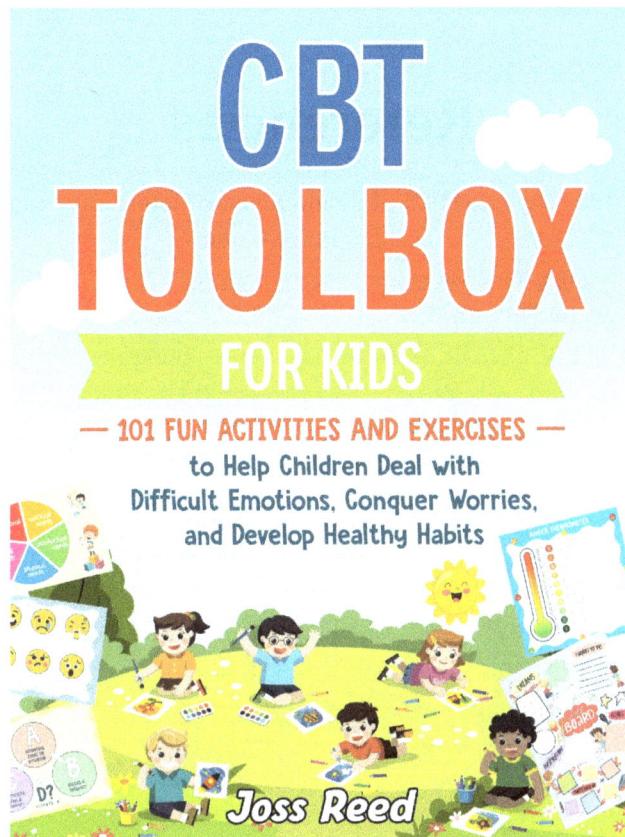

CBT TOOLBOX FOR KIDS
— 101 FUN ACTIVITIES AND EXERCISES —
to Help Children Deal with Difficult Emotions, Conquer Worries, and Develop Healthy Habits
Joss Reed

Referencias

(ma), V. S., & (PhD), C. D. (14 de mayo de 2023). Filtrado mental: Definición y ejemplos. helpfulprofessor.com. https://helpfulprofessor.com/mental-filtering/

(s.f.-a). Org.uk. https://www.mind.org.uk/information-support/drugs-and-treatments/talking-therapy-and-counselling/cognitive-behavioural-therapy-cbt/

(s.f.-b). Choosingtherapy.com. https://www.choosingtherapy.com/cbt-kids-teens/

(s.f.-c). Iscainfo.com. https://iscainfo.com/resources/Documents/CBT%20for%20Teens.pdf

(s.f.-d). Washington.edu. https://depts.washington.edu/uwhatc/wp-content/uploads/2022/07/Cognitive-Triangle_Worksheet_Coping_and_Processing.pdf

(s.f.-e). Therapistaid.com. https://www.therapistaid.com/worksheets/automatic-thoughts

(s.f.-f). Org.uk. https://www.mind.org.uk/information-support/types-of-mental-health-problems/anxiety-and-panic-attacks/causes/

(s.f.-g). Choosingtherapy.com. https://www.choosingtherapy.com/cbt-for-anxiety/

(s.f.-h). Therapistaid.com. https://www.therapistaid.com/worksheets/abc-model-for-rebt

(s.f.-i). Org.uk. https://www.mind.org.uk/information-support/types-of-mental-health-problems/anger/causes-of-anger/

(s.f.-j). Choosingtherapy.com. https://www.choosingtherapy.com/cbt-for-anger/#:~:text=CBT%20for%20anger%20can%20assist,rational%2C%20self%2Dcompassionate%20thoughts.

(s.f.-k). Therapistaid.com. https://www.therapistaid.com/worksheets/behavioral-experiment

(s.f.-l). Therapistaid.com. https://www.therapistaid.com/worksheets/anger-diary

(s.f.-m). Psycom.net. https://www.psycom.net/depression-test

(s.f.-n). Choosingtherapy.com. https://www.choosingtherapy.com/cbt-for-depression/

(s.f.-o). Org.uk. https://www.mind.org.uk/information-support/types-of-mental-health-problems/self-esteem/about-self-esteem/

15 técnicas básicas de TCC que puede usar ahora mismo. (9 de julio de 2019). Habilidades terapéuticas de Mark Tyrrell; Mark Tyrrell. https://www.unk.com/blog/15-core-cbt-techniques-you-can-use-right-now/

3 técnicas de TCC para calmar la ansiedad al instante. (8 de marzo de 2016). Habilidades terapéuticas de Mark Tyrrell; Mark Tyrrell. https://www.unk.com/blog/3-instantly-calming-cbt-techniques-for-anxiety/

50 maneras de empezar a practicar el autocuidado. (21 de julio de 2016). Fundación Internacional Bipolar. https://ibpf.org/articles/50-ways-to-start-practicing-self-care/

99 afirmaciones de amor propio para usar cuando se sienta inseguro y autocrítico. (20 de febrero de 2023). Mindbodygreen. https://www.mindbodygreen.com/articles/self-love-affirmations

Albert Bonfil, P. (12 de agosto de 2022). Distorsiones cognitivas: Generalizar en exceso -. Terapia Cognitiva Conductual Los Angeles. https://cogbtherapy.com/cbt-blog/cognitive-distortions-overgeneralizing

Andrews, W. (10 de mayo de 2021). Patrones de pensamiento poco saludables: Enunciados ». Design.org. https://design.org/unhealthy-thinking-patterns-should-statements/

La ira: cómo afecta a las personas. (s.f.). Gov.au. https://www.betterhealth.vic.gov.au/health/healthyliving/anger-how-it-affects-people

Ankrom, S. (15 de junio de 2008). 9 ejercicios de respiración para aliviar la ansiedad. Verywell Mind. https://www.verywellmind.com/abdominal-breathing-2584115

Trastornos de ansiedad. (4 de mayo de2018). Mayo Clinic. https://www.mayoclinic.org/diseases-conditions/anxiety/symptoms-causes/syc-20350961

Trastornos de ansiedad. (s.f.). Clínica Cleveland. https://my.clevelandclinic.org/health/diseases/9536-anxiety-disorders

Arlin Cuncic, M. A. (31 de agosto de 2010). ¿Qué es la sobregeneralización? Verywell Mind. https://www.verywellmind.com/overgeneralization-3024614

Pensamientos automáticos. (s.f.). Therapist Aid. https://www.therapistaid.com/therapy-worksheet/automatic-thoughts

Experimento conductual. (s.f.). Therapist Aid. https://www.therapistaid.com/therapy-worksheet/behavioral-experiment/cbt/none

Brady, K. (19 de agosto de 2020). 5 maneras de dejar de catastrofizar. Keir Brady Counseling Services. https://keirbradycounseling.com/catastrophizing/

Ejercicios respiratorios (respiración profunda) para reducir la ansiedad y la depresión. (s.f.). https://restorativestrength.com/breathing-exercises-for-anxiety-and-depression/

By, P. (s.f.). Lista de emociones. Therapistaid.com. https://www.therapistaid.com/worksheets/list-of-emotions

Carol. (30 de abril de 2022). Filtración mental: Qué saber sobre esta distorsión cognitiva. acognitiveconnection.com. https://acognitiveconnection.com/cognitive-distortion-mental-filtering/

Casabianca, S. S., & Shatzman, C. (25 de abril de 2022). Afirmaciones positivas para la ansiedad: Reencuadre su preocupación para calmarse. Psych Central. https://psychcentral.com/anxiety/affirmations-for-anxiety

CCPS. (16 de febrero de 2015). 7 beneficios de la Terapia Cognitivo Conductual. Servicios Psicológicos de Consulta Integral. https://comprehendthemind.com/7-benefits-cognitive-behavioral-therapy/

Desafiar los pensamientos ansiosos. (s.f.). Therapistaid.com. https://www.therapistaid.com/worksheets/challenging-anxious-thoughts

Clinic, A. R. (26 de octubre de 2020). Los objetivos de la terapia cognitivo conductual? Clínica de Recuperación Aquila; Aquila Recovery. https://www.aquilarecovery.com/blog/what-are-the-goals-of-cognitive-behavioral-therapy/

Coffey, C. (2 de octubre de 2018). 30 Afirmaciones para dejar de compararse y celebrarse a uno mismo. Thecoffeybreak.com. https://www.thecoffeybreak.com/blog-2/2018/10/2/30-affirmations-to-stop-comparing-and-celebrate-you

Reestructuración cognitiva: Decatastrofización. (s.f.). Therapist Aid. https://www.therapistaid.com/therapy-worksheet/decatastrophizing/cbt/none

Content, M. (s.f.). Diario: Utilización de 4 ejercicios de terapia cognitivo conductual. Mossery.

Hoja informativa sobre creencias fundamentales. (s.f.). Therapist Aid. https://www.therapistaid.com/therapy-worksheet/core-beliefs-info-sheet/cbt/adolescents

Counselling Matters. (12 de octubre de 2020). Manejo de la ira: comprender los desencadenantes–. Counselling Matters. https://counselling-matters.org.uk/anger-management-understanding-triggers/

Courtney E. Ackerman, M. A. (20 de marzo de 2017a). Técnicas de TCC: 25 hojas de trabajo de terapia cognitivo conductual. Positivepsychology.com. https://positivepsychology.com/cbt-cognitive-behavioral-therapy-techniques-worksheets/

Courtney E. Ackerman, M. A. (29 de septiembre de 2017b). Distorsiones cognitivas: 22 ejemplos y hojas de trabajo (& PDF). Positivepsychology.com. https://positivepsychology.com/cognitive-distortions/

Courtney E. Ackerman, M. A. (12 de julio de 2018). Qué es la autoaceptación? 25 ejercicios + definición y citas. Positivepsychology.com. https://positivepsychology.com/self-acceptance/

Cundiff, D. (19 de diciembre de 2022). Beneficios de la terapia cognitivo conductual. Centro de rehabilitación Bayview Recovery. https://www.bayviewrecovery.com/rehab-blog/5-benefits-of-cognitive-behavioral-therapy/

Descatastrofización. (21 de febrero de 2023). Psychology Tools. https://www.psychologytools.com/resource/decatastrophizing/

Departamento de Sanidad y Servicios Humanos. (s.f.). La depresión explicada. Gov.au. https://www.betterhealth.vic.gov.au/health/conditionsandtreatments/depression

Deschene, L. (14 de mayo de 2020). 8 técnicas de meditación rápidas y fáciles para calmar su mente ansiosa. Tiny Buddha. https://tinybuddha.com/blog/mindfulness-peace-blog/8-quick-and-easy-meditation-techniques-to-calm-your-anxious-mind/

Distinguir entre miedo y preocupación. (s.f.). Gdba.com. https://gdba.com/distinguish-between-fear-and-worry/

Driscoll, L. (20 de septiembre de 2020). 7 actividades de TCC que puede utilizar en el asesoramiento escolar. Social Emotional Workshop. https://www.socialemotionalworkshop.com/cbt-activities-school-counseling/

Registro de Pensamiento Disfuncional. (s.f.). B-cdn.net. https://positive.b-cdn.net/wp-content/uploads/2017/06/Dysfunctional-Thought-Record.pdf

Elizabeth, D. (4 de agosto de 2022). 53 afirmaciones para el descanso y la relajación. Wild Simple Joy. https://wildsimplejoy.com/affirmations-for-rest-and-relaxation/

Emma McAdam, L. (22 de mayo de 2021). Filtrado mental: Pensar así puede deprimirle. Therapy in a Nutshell. https://therapyinanutshell.com/mental-filtering/

Equilibrio emocional –. (s.f.). Centro de atención sanitaria alternativa. http://www.alternativehealthcaredoc.com/emotional-balance

Eskin, C. K. (22 de diciembre de 2021). Por qué los adolescentes no hablan con sus padres. Teen Line. https://www.teenline.org/post/why-teens-don-t-talk-to-their-parents

Ejemplo de hoja. (s.f.). El modelo cognitivo. Therapistaid.com. https://www.therapistaid.com/worksheets/cognitive-model-example-practice

Afronte sus miedos (CYP). (21 de febrero de 2023). Psychology Tools. https://www.psychologytools.com/resource/facing-your-fears-cyp/

Felman, A. (11 de enero de 2020). Ansiedad: Síntomas, tipos, causas, prevención y tratamiento. Medicalnewstoday.com. https://www.medicalnewstoday.com/articles/323454

Encuentre su paz interior: técnicas y beneficios. (s.f.). Beaire.com. https://beaire.com/en/aire-magazine/find-your-inner-peace

Fritscher, L. (15 de marzo de 2008). La psicología del miedo. Verywell Mind. https://www.verywellmind.com/the-psychology-of-fear-2671696

Gillette, H. (4 de marzo de 2010). ¿Por qué se deprimen los adolescentes? 6 razones. Psych Central. https://psychcentral.com/depression/why-are-so-many-teens-depressed

GoodRx - error. (s.f.). Goodrx.com. https://www.goodrx.com/health-topic/mental-health/fear-vs-phobia

Gower, B. S., & Stokes, M. C. (Eds.). (2020). Preguntas Socráticas: Nuevos ensayos sobre la filosofía de Sócrates y su significado. Routledge.

Hadiah. (12 de junio de 2023). Los 10 mejores ejercicios prácticos de TCC para aliviar la ansiedad (+FREE worksheets PDF). Ineffable Living; Hadiah. https://ineffableliving.com/treat-your-anxiety-using-cognitive-behavioral-therapy-cbt/

Harrison, P. (18 de febrero de 2018). 19 ejercicios de Terapia Cognitivo Conductual basada en la atención plena [TCC]. Las sesiones diarias de coaching de meditación; The Daily Meditation. https://www.thedailymeditation.com/cbt-exercises

4 recetas de meditación plena que tiene que probar. Las sesiones diarias de coaching de meditación; The Daily Meditation. https://www.thedailymeditation.com/mindful-eating-3

Holland, K., & Nave, K. (9 de diciembre de 2013). Terapia cognitivo conductual para la depresión. Healthline. https://www.healthline.com/health/depression/cognitive-behavioral-therapy

Holy, L. (1 de marzo de 2021). 10 posturas de yoga para relajarse y calmarse. Banyanbotanicals.com; Banyan Botanicals. https://www.banyanbotanicals.com/info/blog-the-banyan-insight/details/10-yoga-poses-for-relaxation-anxiety/

Cómo me siento. (s.f.). Therapist Aid. https://www.therapistaid.com/therapy-worksheet/how-i-feel-cbt-tool/cbt/adolescents

Kapoor, A. (27 de julio de 2021). Cómo hacer meditación de escaneo corporal y sus beneficios. Calm Sage. https://www.calmsage.com/mindfulness-body-scan-meditation/

Kendra Cherry, M. (3 de marzo de 2009). ¿Qué es la terapia cognitivo conductual (TCC)? Verywell Mind. https://www.verywellmind.com/what-is-cognitive-behavior-therapy-2795747

Kendra Cherry, M. (2 de agosto de 2013). Emociones y tipos de respuestas emocionales. Verywell Mind. https://www.verywellmind.com/what-are-emotions-2795178

Kristenson, S. (12 de abril de 2022). 60 afirmaciones tranquilizadoras para controlar su ira. Happierhuman.com; Steve Scott. https://www.happierhuman.com/affirmations-anger/

Kristenson, S. (10 de julio de 2023). 60 afirmaciones para una paz mental tranquilizadora. Happierhuman.com; Steve Scott. https://www.happierhuman.com/affirmations-peace/

LaBarbara, S. (25 de agosto de 2022). El problema de los "debería" y cómo reformularlos. Agoodplace.com. https://www.agoodplacetherapy.com/the-blog/should-statements

Lamoreux, K. (24 de enero de 2016). Ejercicios de 1 minuto de atención plena. Psychcentral.com. https://psychcentral.com/health/minute-mindfulness-exercises

Lautieri, A. (13 de marzo de 2019). Técnicas de visualización e imaginería guiada para la reducción del estrés. Mentalhelp.net; admin. https://www.mentalhelp.net/stress/visualization-and-guided-imagery-techniques-for-stress-reduction/

Leavitt, B. (6 de marzo de 2018). Deber y pensamiento del debería. Bill Leavitt terapeuta; Bill Leavitt asesoramiento y terapia. https://billleavitttherapy.com/shoulds-shouldy-thinking/

Levitt, S. (1 de marzo de 2023). ¿Cuál es la diferencia entre un miedo y una fobia? Pathways; Servicios de asesoramiento Pathways. https://www.pathwayscounselingsvcs.com/what-is-the-difference-between-a-fear-and-a-phobia/

Lovering, C. (17 de mayo de 2016). Los 7 mejores ejercicios de relajación: Meditación, enraizamiento y más. Psychcentral.com. https://psychcentral.com/lib/relaxation-exercises-and-techniques

Lukin, K. (8 de septiembre de 2016). Ejercicios de terapia cognitivo conductual. Centro Lukin de Psicoterapia; Centro Lukin. https://www.lukincenter.com/5-surprisingly-effective-cognitive-behavioral-therapy-exercises/

Margarita Tartakovsky, M. S. (3 de octubre de 2016). Deben las declaraciones dirigir su vida? Esto podría ayudar. Psychcentral.com. https://psychcentral.com/blog/weightless/2016/10/should-statements-running-your-life-this-might-help

Mayo. (22 de mayo de 2019). Estoy deprimido o solo triste? Haga este test para averiguarlo. Centro de salud Advantage Care. https://advantagecaredtc.org/am-i-depressed-or-just-sad/

Mcleod, S., & Evans, O. G. (3 de noviembre de 2022). Terapia cognitivo conductual (TCC): Tipos, técnicas, usos. Simplypsychology.org. https://www.simplypsychology.org/cognitive-therapy.html

Millacci, T. S. (28 de octubre de 2020). Cómo relajarse: las mejores técnicas de relajación para la ansiedad. Positivepsychology.com. https://positivepsychology.com/relaxation-techniques-anxiety/

Ejercicios de respiración consciente. (21 de marzo de 2021). Acción por Niños Sanos. https://www.actionforhealthykids.org/activity/mindful-breathing-exercises/

Mooditude. (21 de julio de 2021). Pensamientos negativos automáticos - cosas que debe saber para romper el hábito - mooditude - ¡Como ser más feliz! Mooditude - ¡Un usted más feliz! https://mooditude.app/post/automatic-negative-thoughts-things-you-need-to-know-for-breaking-the-habit/

Nicholson, M. (5 de junio de 2019). Conductas de seguridad. Terapeutas de ansiedad en Austin. https://www.austinanxiety.com/safety-behaviors/

Núñez, K. (7 de abril de 2020). Modelo ABC de terapia cognitivo conductual: Cómo funciona. Healthline. https://www.healthline.com/health/abc-model

Ohwovoriole, T. (13 de abril de 2021). Comprender la ira. Verywellmind.com. https://www.verywellmind.com/what-is-anger-5120208

Perry, E. (s.f.). El propósito del miedo y cómo superarlo. Betterup.com. https://www.betterup.com/blog/purpose-of-fear

Peterson, A. L. (24 de mayo de 2019). Qué es... Una conducta de seguridad en la TCC - mental health @ home. Mental Health @ Home. https://mentalhealthathome.org/2019/05/24/what-is-safety-behaviour/

Pietrangelo, A. (12 de diciembre de 2019). Técnicas de la TCC: Herramientas para la terapia cognitivo conductual. Healthline. https://www.healthline.com/health/cbt-techniques

Actividades positivas para la activación conductual. (s.f.). Therapistaid.com https://www.therapistaid.com/therapy-worksheet/activities-behavioral-activation/cbt/none

Psicólogos, M. (12 de agosto de 2019). Cuáles son los beneficios de la terapia cognitivo conductual (TCC)? MyLifePsychologists.com https://mylifepsychologists.com.au/what-are-the-benefits-of-cognitive-behaviour-therapy-cbt/

Rabin, P. L. (1983). ¿Qué es la depresión? Enfermera de nefrología, 5(1), 20-22. https://www.unicef.org/parenting/mental-health/what-is-depression?gclid=CjwKCAjwq4imBhBQEiwA9Nx1BrzSshzQ6LVvMmjM1CfnW2wbY9chnLOeO97HnRR8K1vDD7Ae9YHxPRoCXAQQAvD_BwE

Rachel. (21 de abril de 2020). Pensamiento en blanco y negro: 9 maneras fáciles de parar para siempre - la planificación con atención plena. Planificar con atención: diseñar la vida con intención. https://www.planningmindfully.com/black-and-white-thinking/

Remez, S. (9 de enero de 2021). 11 beneficios de la paz mental y de estar tranquilo. Conciencia de éxito | Pensamiento positivo. Desarrollo personal. https://www.successconsciousness.com/blog/inner-peace/benefits-of-peace-of-mind/

Rollo, N. (6 de febrero de 2019). Respiración cuadrada: Cómo reducir el estrés a través de la respiración. El Diván: Un blog de terapia y bienestar mental. https://blog.zencare.co/square-breathing/

Roncero, A. (s.f.). Pensamientos automáticos: Cómo identificarlos y solucionarlos. Betterup.com. https://www.betterup.com/blog/automatic-thoughts

Autoestima y adolescentes. (s.f.). Reachout.com. https://parents.au.reachout.com/common-concerns/everyday-issues/self-esteem-and-teenagers

Selva, J., & Bc, S. (16 de marzo de 2018). Desafiando los pensamientos automáticos negativos: 5 hojas de trabajo (+PDF). Positivepsychology.com. https://positivepsychology.com/challenging-automatic-thoughts-positive-thoughts-worksheets/

Sim, M. (9 de marzo de 2023). 25 actividades para ayudar a sus alumnos a combatir las distorsiones cognitivas. Teaching Expertise; dontan. https://www.teachingexpertise.com/classroom-ideas/cognitive-distortions-activity/

Resolver problemas de forma cognitivo conductual. (s.f.). Psychologytoday.com. https://www.psychologytoday.com/us/blog/all-about-cognitive-and-behavior-therapy/202202/solving-problems-the-cognitive-behavioral-way

Fobias específicas. (9 de junio de 2023). Clínica Mayo. https://www.mayoclinic.org/diseases-conditions/specific-phobias/symptoms-causes/syc-20355156

Star, K. (13 de septiembre de 2011). Cómo las afirmaciones "debería" contribuyen al pánico y la ansiedad. Verywellmind.com https://www.verywellmind.com/should-statements-2584193

Susan. (16 de enero de 2023). 85 afirmaciones diarias para cambiar sus pensamientos negativos. Sassysisterstuff.com https://www.sassysisterstuff.com/affirmations-for-negative-thoughts/

Sutton, J. (24 de septiembre de 2020). 16 herramientas de decatastrofización, hojas de trabajo y juegos de rol. Positivepsychology.com. https://positivepsychology.com/decatastrophizing-worksheets/

Sutton, J. (24 de julio de 2021). Cómo aumentar el autoestima: 12 ejercicios sencillos y herramientas de TCC. Positivepsychology.com. https://positivepsychology.com/self-esteem-boost-exercises/

Depresión adolescente. (12 de agosto de 2022). Clínica Mayo. https://www.mayoclinic.org/diseases-conditions/teen-depression/symptoms-causes/syc-20350985

Proyecto Depresión. (10 de febrero de 2023a). 75+ afirmaciones positivas para la depresión. Thedepressionproject.com. https://thedepressionproject.com/blogs/news/the-best-positive-affirmations-for-depression

Proyecto Depresión. (5 de abril de 2023b). 3 ejercicios de atención plena DBT para la depresión, la ansiedad y el TEPT. The Depressionproject.com https://thedepressionproject.com/blogs/news/3-dbt-mindfulness-exercises-for-depression-anxiety-ptsd

Diferencia entre miedo y fobia. (s.f.). Alliedpsychiatry.com. https://www.alliedpsychiatry.com/blog/the-difference-between-fear-and-phobia

El pasado, el presente y el futuro. (s.f.). Therapistaid.com. https://www.therapistaid.com/worksheets/life-story

La relación entre pensamientos, sentimientos y conductas. (s.f.). Debbiewoodallcarroll.com. https://debbiewoodallcarroll.com/the-relationship-between-thoughts-feelings-and-behaviors/

Pensamientos y comportamientos: Costes y beneficios. (s.f.). Therapist Aid. https://www.therapistaid.com/therapy-worksheet/cost-benefit-analysis/cbt/adolescents

United We Care. (24 de mayo de 2023). Los sorprendentes efectos de la ira en la mente y el cuerpo: Más información. United We Care | Una super aplicación para el bienestar mental; United We Care. https://www.unitedwecare.com/the-startling-effects-of-anger-on-your-mind-and-body-learn-more-now/

Usando registros de pensamiento para rastrear y desafiar pensamientos. (10 de abril de 2018). Psychologytools.com. https://www.psychologytools.com/self-help/thought-records/

Vallejo, M. (7 de septiembre de 2022). El filtro mental: Una distorsión cognitiva. Centro de Salud Mental Infantil. https://mentalhealthcenterkids.com/blogs/articles/mental-filter

Valls, M. (7 de marzo de 2019). 10 solicitudes diarias para la autorreflexión y la paz interior. Bee Happi Vintage Press |; Bee Happi Vintage Press. https://beehappi.com/happiness-and-well-being/10-journal-prompts-for-self-reflection-and-inner-peace/

Wagner, K. D. (18 de abril de 2016). 17 afirmaciones para liberar pensamientos negativos. Espiritualidad+Salud. https://www.spiritualityhealth.com/articles/2016/04/18/17-affirmations-release-negative-thoughts

Ward, L. (18 de diciembre de 2021). 7 posturas de yoga para inspirar su lado creativo y practicar el movimiento consciente. YouAlignedTM. https://youaligned.com/yoga/mindful-movement-yoga-poses/

Programa semanal de activación conductual. (s.f.). Therapistaid.com https://www.therapistaid.com/therapy-worksheet/schedule-behavioral-activation/cbt/none

¿Qué son las emociones? (2015). En ¿Qué es eso que se llama Filosofía? (pp. 183-192). Routledge.

Cuáles son los beneficios de la terapia cognitivo-conductual (TCC)? (s.f.). Northstartransitions.com. https://www.northstartransitions.com/post/what-are-the-benefits-of-cognitive-behavioral-therapy-cbt

¿Qué es la ira? Definición y psicología de esta emoción. (s.f.). Betterhelp.com. https://www.betterhelp.com/advice/anger/what-is-anger-definition-psychology-behind-this-emotion/

¿Qué es el comportamiento? Principios para un apoyo eficaz. (s.f.). Gov.au. https://www.health.nsw.gov.au/mentalhealth/psychosocial/principles/Pages/behaviour-whatis.aspx

Qué es el miedo? (2019, 17 de septiembre). Grupo Paul Ekman. https://www.paulekman.com/universal-emotions/what-is-fear/

¿Qué es la atención plena? (2020). En construir y mantener una carrera docente (pp. 15-28). Prensa de la Universidad de Cambridge.

¿Qué es el triángulo cognitivo y cómo se utiliza? (13 de septiembre de 2021). KASA Solutions. https://kasa-solutions.com/what-is-the-cognitive-triangle-and-how-is-it-used/

Williams, A. J. (s.f.). Una cita de la mente psíquica. Goodreads.com. https://www.goodreads.com/quotes/1344024-thoughts-create-emotions-emotions-create-feelings-and-feelings-create-behaviour

Williamson, T. (1 de junio de 2021). 10 ejercicios de respiración para niños con ansiedad o ira. Mindfulmazing.com; Mindfulmazing. https://www.mindfulmazing.com/10-breathing-exercises-for-kids-with-anxiety-or-anger/

Wood, K. (9 de noviembre de 2020). La conexión entre pensamientos y emociones. Kamini Wood. https://www.kaminiwood.com/the-connection-between-thoughts-and-emotions/

Preguntas de exploración de la preocupación. (s.f.). Therapist Aid. https://www.therapistaid.com/therapy-worksheet/worry-exploration-questions/cbt/adolescents

Zayed, A. (1 de noviembre de 2022). 4 Beneficios de la terapia cognitivo conductual. The Diamond Rehab Thailand; Theo de Vries. https://diamondrehabthailand.com/cognitive-behavioral-therapy-benefits/

Zorbas, A. (30 de julio de 2021). Declaraciones del debería: Reformule su forma de pensar. Terapia Ahora. https://www.therapynowsf.com/blog/should-statements-reframe-the-way-you-think

Carol. (30 de abril de 2022). Filtración mental: Qué saber sobre esta distorsión cognitiva. Una conexión cognitiva. https://acognitiveconnection.com/cognitive-distortion-mental-filtering/

Rebecca Joy Stanborough, M. F. A. (4 de febrero de 2020). Reestructuración cognitiva: Técnicas y ejemplos. Healthline. https://www.healthline.com/health/cognitive-restructuring

(s.f.). Choosingtherapy.com. Extraído el 20 de agosto de 2023, de https://www.choosingtherapy.com/cognitive-restructuring/

www.ingramcontent.com/pod-product-compliance
Lightning Source LLC
Chambersburg PA
CBHW080539090426
42733CB00016B/2626